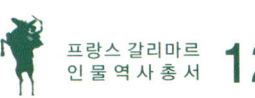

프랑스 갈리마르
인물 역사 총서 12

알렉산더 왕

글 | 마리 테레즈 다비드슨

그리스 고전을 전공했으며 현재 중등학교에서 고전 문학을 가르치고 있다. 그리스 문학과 문화에 대한 열정이 매우 남다르다. '갈리마르 인물역사발자취' 시리즈 중에서 《율리시스》와 《그리스 신화》를 쓰기도 했다.

그림 | 크리스티앙 하인리히

1965년 슬레스타에서 태어났다. 어릴 때부터 그림 그리는 것을 좋아했으며, 스트라스부르 장식미술학교에서 그림을 공부했다. 여행하며 보고 느낀 것을 한 폭의 수채화로 표현하는 일에 전념하고 있다.

옮긴이 | 김이정

서강대학교 불어불문학과를 졸업했으며, 프랑스 파리 13대학에서 언어학 박사 학위를 받았다. 현재 서강대학교에 출강하고 있다. 옮긴 책으로는 《사람의 몸》《동물의 생활》《심술쟁이 마녀 소동》《거짓말은 왜 나쁠까요?》《개 이야기》《매혹의 그리스》《열정의 이탈리아》 등이 있다.

초 판 1쇄 2006년 9월 30일 발행
개정판 2쇄 2013년 1월 5일 발행

글 마리 테레즈 다비드슨 | 그림 크리스티앙 하인리히 | 옮김 김이정 | 발행처 종이비행기 | 발행인 나성훈 | 편집인 전유준
편집 김지현 이승민 | 교정·교열 유미정 | 디자인 이영수 강혜경 홍진희 | 특판책임 채청용 | 제작책임 정병문 | 홍보책임 박일성
주소 서울 강남구 삼성동 153 | 전화 02-538-5003 | 팩스 02-539-5003 | 등록 제16-3584호 | ISBN 978-89-6719-012-5 74900

ⓒ Éditions Gallimard Jeunesse, Paris, 2002. All rights reserved.
Korean translation Copyright ⓒ 2006 by JB-FLY Publishing Co.
Korean edition is published by arrangement with Gallimard Jeunesse through Sibylle Books Literary Agency.
이 책의 한국어판 저작권은 Sibylle Books Literary Agency를 통해 Gallimard Jeunesse와 독점 계약으로 종이비행기에 있습니다. 저작권법에 의해 한국 내에서 보호를 받는 저작물이므로 무단전재와 무단복제를 금합니다.

● **종이비행기**는 예림당의 가족회사로, 새로운 시각과 폭넓은 콘텐츠로 다가가는 **인문 과학 분야 전문 브랜드**입니다.

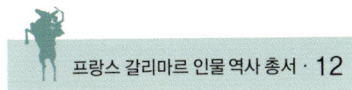
프랑스 갈리마르 인물 역사 총서 · 12

알렉산더 왕

마리 테레즈 다비드슨 글 | 크리스티앙 하인리히 그림 | 김이정 옮김

종이비행기

《프랑스 갈리마르 인물 역사 총서》를 펴내면서

앞으로 우리 교육 환경은 쉼 없는 지식의 성장과 진화를 요구합니다. 하나의 주제에 대해 생각하는 데에도 종합적인 사고와 깊은 통찰이 있어야 합니다.

《프랑스 갈리마르 인물 역사 총서》 시리즈는 우리 어린이와 청소년들이 꼭 읽고, 익혀야 할 학습 내용을 쉽고 풍부하게 전달하는 데 초점을 맞추었습니다. 이 시리즈는 인문 교양 지식 분야에서 세계 최고를 자랑하는 프랑스의 갈리마르 출판사에서 발행한 역사, 인물, 신화, 문명에 대한 종합적인 교양서입니다.

이 시리즈에 들어 있는 주제들은 모두 어린이, 청소년, 어른까지도 꼭 알아야 할 내용들로 매우 흥미진진합니다. 세상이 처음 만들어진 이야기부터 한 시대를 이끈 영웅담, 고대 문화, 문명, 지리, 역사적 배경까지……. 마치 한 편의 웅장한 역사 드라마를 보는 것과 같습니다. 그 이야기를 누구나 쉽게 이해할 수 있도록 맛깔스럽게 구성하였습니다. 거기에 역사적 사건이나 당시의 상황을 뒷받침하는 풍부한 자료들을 덧붙여 먼 과거의 숨결이 살아 있는 듯 생생한 감동을 불러일으킵니다. 각각의 주제마다 모든 분야의 최고 전문가들이 하나하나 정성을 기울인 작품입니다.

첫째 지식 교양의 기초가 되는 신화, 역사, 문화, 인물의 발자취가 가득합니다.

로마, 율리시스, 이집트 신, 노예, 해적, 클레오파트라와 같은 인류 역사의 커다란 쟁점들을 사실적으로 재현하여, 놀라운 지식들을 경험할 수 있는 세계로 안내합니다.

둘째 어렵고 딱딱한 역사 지식을 전설이나 신화 같은 이야기로 흥미롭게 전달합니다.

쉽고 간결한 이야기체 구성으로 초등학생부터 청소년, 학부모에 이르기까지 누구나 단숨에 읽고, 쉽게 공감할 수 있습니다.

셋째 역사적 사실과 상상력을 바탕으로 한 구체적인 정보를 알차게 실었습니다.

이야기 중간 중간마다 그 당시의 역사적 사실과 배경 지식을 알 수 있는 다양한 사진이나 그림, 기록물을 꼼꼼히 넣고, 백과사전 같은 설명을 곁들여 학습 효과를 높여 줍니다.

넷째 원작이 주는 고유의 분위기나 상황을 충실히 살렸습니다.

지금까지 알려진 여러 가지 이야기 중에서도 가장 원전에 가까운 설화와 번역본, 문체까지 충실히 살려 독자들에게 정확한 교양 지식 길라잡이가 됩니다.

다섯째 학생들의 교과 과정과 관련 있으면서도 교과서에 나오는 내용 이상의 필수 지식이 실려 있습니다.

이 책은 교과서의 단편적인 내용을 보다 입체적으로 새롭게 보여 줍니다.

그 밖에도 《프랑스 갈리마르 인물역사 총서》가 주는 매력은 한두 가지가 아닙니다. 우리가 모르고 그냥 지나쳤던 역사의 수많은 발자취를 새롭게 발견할 때의 기쁨이란 이루 말할 수 없습니다. 그 기쁨의 주인공은 이제 여러분입니다.

이 책을 읽으면서 우리가 알고 있는 세계 역사와 문화를 보다 다양하고 입체적으로 바라볼 줄 아는 지혜를 얻길 바랍니다.

일러두기
① 국립국어원의 표기법에 따르며, 인명·지명은 되도록 해당 지역의 표기법에 따르도록 노력하였습니다.
② 세계 설화의 원문을 객관적으로 충실히 반영하여 독자에게 정확한 사실을 전달하는 것을 원칙으로 삼았습니다.
③ 어린 독자들에게는 좀 어려운 어휘 구사 (반복, 비교 따위)를 고려하여, 완전히 각색하지 않고, 가급적 눈높이를 맞추도록 하였습니다.

 차례 contents

유럽에 작별을 고하다 10

원정 초기의 전투들 22

신들의 나라를 향하여 36

페르시아 제국 한가운데서 50

배신의 시기 64

적대적인 지방들을 지나 78

알려진 세상의 끝, 인도 92

대양을 향해 내려가다 106

수사에서의 결혼식 118

서사시의 끝 130

8 알렉산더의 서사시

20 트로이 전쟁과 페르시아 전쟁

34 마케도니아 군대와 페르시아 군대

48 이집트의 알렉산드리아

62 페르시아의 왕

76 낯선 풍경

90 디오니소스

104 인도

116 강과 대양

128 여인들

140 신의 숭배와 영웅의 숭배

142 역사에서 신화로

유럽에 작별을 고하다

알렉산더는 군함의 뱃머리*에 서서 점점 선명하게 보이는 해안을 뚫어져라 쳐다보았다. 그는 고개도 돌리지 않은 채 떨리는 목소리로 동료에게 말했다.

"저것 봐, 헤파이스티온. 저길 좀 보라고! 아시아가 우리 눈앞에 있어! 나는 아킬레우스*의 후계자, 그리스 인들의 새로운 영웅이야!"

"그리스 인들이라니요. 그들 중에 우리를 따를 사람들은 많지 않을 겁니다."

"알아. 그들은 우리를 전혀 좋아하지 않지. 어제도 몇몇은 우리를 이방인* 취급하더군. 그리고 2년 전에 아버지가 암살당한 후 내가 마케도니아 인*들의 왕이 되었을 때, 아테네 인 데모스테네스는 나를 '애송이 청년'이라며 놀려 댔지. 하지만 이젠 시간이 흘렀고, 그들은 누가

뱃머리
배의 앞쪽.

아킬레우스
신과 사람 사이에 태어난 그는 트로이에 대항하여 싸운 가장 무시무시한 전사이자, 〈일리아드〉(호메로스의 시)의 주인공이다.

이방인
그리스 인이 아닌 사람들. 그리스 어도 못 하고 민주주의도 모르는 사람들.

마케도니아 인
그리스 북동쪽에 있는 마케도니아에 사는 사람들. 그들은 그리스 어를 썼지만, 그들의 왕이 통치했다.

가장 강하고 누가 자신들의 지도자가 될 자격이 있는지 알게 되었다고."

알렉산더는 몸을 돌려 푸른 바다 위에 두둥실 떠 있는 수많은 배를 두 팔을 쫙 벌려 껴안는 듯한 시늉을 했다.

헤파이스티온은 조용히 친구의 몸짓을 지켜보았다. 반짝이는 바다 위로 160척의 삼단노선*과 40척의 상선이 3만 명의 보병과 4천 명의 기병을 싣고 있었다! 그리스 인들은 이 어마어마한 부대의 4분의 1도 안 되었다. 대부분이 마케도니아 인들과 북쪽의 거친 동맹군들이었다.

반면, 그리스 인들은 다리우스의 군대에 많았다(5만 명이나 된다고 한다). 그들은 알렉산더를 미워해서인지, 이익에 눈이 어두워서인지 페르시아 진영을 선택했다. 대왕인 다리우스는 엄청난 부자였다.

헤파이스티온은 물끄러미 해안을 바라보고 있는 친구에게 다가갔다. 그러나 그는 해안을 보고 있던 것이 아니었다. 그는 입술에 옅은 미소를 머금고 생각에 잠겨 있었다.

알렉산더의 아버지 필리포스가 죽자, 그리스 인들은 마케도니아 왕국과 맺었던 조약을 한순간에 깨 버렸다. 아, 졸렬한 그리스놈들이란! 그들은 늘 반란을 일으키고, 늘 분열되지. 이 도시 저 도시를 돌아가면서 승리를 거두지만,

삼단노선
노 젓는 사람들이 세 줄로 있는 전함. 빠르고 조종하기 쉽다.

결코 오래 가질 않는다. 그리고 이렇게 계속되는 전투 속에서 원대한 계획이라곤 하나도 없지! 지금의 그리스 인들은 트로이 전쟁이나 페르시아 전쟁* 때의 전사들의 기개*를 도저히 찾아볼 수 없다.

죽은 필리포스는 야망이 있었다. 페르시아를 상대로 전쟁을 벌이려는 것이 바로 마케도니아 인 필리포스의 원대한 목표였다. 즉, 페르시아 전쟁을 다시 일으켜 아시아에 있던 그리스 도시들에서 페르시아 인들을 몰아내려는 것이었다. 야망을 이루기 위해 필리포스는 우선 군대를 개혁했고, 막강한 무적 군단으로 만들었다. 그리고 나서 자신이 그리스 군대의 총사령관이 되는 데 성공했던 것이다.

트로이 전쟁, 페르시아 전쟁
단결한 그리스 인들은 소아시아에서의 트로이 전쟁(반은 전설상의 이야기임)과, 기원전 5세기에 페르시아와 싸운 페르시아 전쟁에서 승리를 거두었다.

기개
씩씩한 기상과 굳은 절개.

유럽에 작별을 고하다 ■ 13

그렇다! 알렉산더는 필리포스의 후계자답게 당당히 맞서 싸워 나갈 것이다. 그는 아버지가 꿈꿨던 것보다 훨씬 큰 야망을 가슴속에 품고 있었다.

헤파이스티온은 젊은 왕이 더 환하게 미소 짓는 것을 보고 착각했다.

"그리스 인들을 어떻게 굴복시켰는지에 대해서 생각하십니까?"

"아니다. 그건 더 이상 생각하지 않아. 게다가 테베*를 파괴함으로써 그들이 더 온순해지긴 했지만, 너도 잘 알듯이 그 일을 떠올리는 걸 난 그다지 좋아하지 않아. 테베 사람들이 요새에서 우리의 주둔 부대를 내쫓으려 하지만 않았어도 일이 훨씬 더 쉽게 풀렸을 텐데 말이야. 게다가 그 다음에라도, 그들이 고집을 부리지 않고 내게 와서 용서를 빌었다면 나는 기꺼이 그들을 용서해 줬을 거야. 하지만 그건 그리스 인들에게는 위험한 본보기가 되고 말았어."

테베를 짓밟던 광경이 그의 눈앞에 선하게 펼쳐졌다. 테베로 들어간 군인들은 마치 피에 굶주린 승냥이처럼 날뛰었다. 여자, 아이, 노인 할 것 없이 모두 쓰러져 갔다. 심지어 성소* 안으로 피신한 사람들도 그만 목숨을 잃었다. 도

테베
그리스 보이오티마 지방에 있던 고대 도시 국가. 기원전 371년에 스파르타를 쳐부수고 그리스의 패권을 장악하였으나, 기원전 335년에 알렉산더에게 망하였다.

성소
신에게 바쳐진 장소. 성소에 피신한 사람은 신의 성스러운 보호를 받았다.

시는 완전히 쑥대밭이 되었고, 간신히 살아남은 사람들은 노예가 되었다. 구사일생으로 도망친 사람은 몇 안 되었고, 그들이 전한 이야기는 오히려 알렉산더에게 유리하게 작용했다. 왜냐하면 그리스 인들은 마케도니아 인 알렉산더의 친구가 되는 것이 낫겠다고 생각했기 때문이다.

이렇게 영광스러운 목표를 이루기 위해 결전을 앞두고 있는 마당에 한갓 동정심으로 마음이 흔들려서야 되겠는가! 알렉산더는 헤파이스티온을 쳐다봤다. 그러나 헤파이스티온은 멀어져 가는 그리스 해안 쪽을 바라보고 있었다.

"무슨 생각을 골똘히 하나?"

"어린 시절에 우리의 들과 산을 누비고 다니던 일이 기억나십니까?"

"물론이지. 하지만 우리가 언제쯤 고향으로 돌아갈 수 있을까?"

헤파이스티온은 한쪽 눈을 찡그리며 말했다.

"지금은 안됐지만, 늙은 레오니다스가 힘들고 긴 행군 훈련을 시키려고 한밤중에 우리를 깨웠을 때는 정말이지 얼마나 밉던지!"

두 젊은이는 큰 소리를 내어 웃었다. 사실 마케도니아의 교육은 매우 엄격했다. 언젠가는 군대를 지휘할 사람들이기 때문에 마케도니아 인들을 완벽한 전사로 만들어야 했던 것이다.

"그리고 우리 어머니들은 불쌍한 우리를 달래 주려고 하셨었지. 그런데 케이크와 과자를 그가 다 빼앗아 버렸잖아!"

갑자기 그들은 조용해졌다. 어머니에 대한 그리움이 밀려왔기 때문이다. 알렉산더는 어머니 올림피아스를 끔찍이도 사랑했다. 두 젊은이는 아직 스물두 살밖에 되지 않았다. 그러니 그들의 어린 시절은 그리 먼 이야기가 아니었다. 알렉산더가 침묵을 깨고 입을 열었다.

"하지만 레오니다스는 우리가 책 읽는 것을 막지는 못했지. 아버지가 그렇게 독서에 애착을 가지셨으니까 말이야."

"그때가 우리가 편히 쉴 수 있는 유일한 순간이었지요. 고맙소, 호메로스*!"

"하하, 농담하기는! 나는 내 〈일리아드〉와는 절대 헤어질 수 없어."

"농담 아닙니다. 당신 입으로 당신이 새로운 아킬레우스라고 했잖습니까. 저는 당신의 파트로클로스*가 되도록 노력하겠습니다."

두 친구는 서로를 껴안았다. 그러나 징 소리가 점차 거세

호메로스
모든 그리스 인들에게 중요한 저서인 〈일리아드〉와 〈오디세이아〉의 저자.

파트로클로스
아킬레우스의 절친한 친구. 〈일리아드〉에서 보면 그가 죽자 아킬레우스는 아주 고통스러워했다.

지면서 노 젓는 사람들의 몸짓이 빨라졌고, 감상에 젖어 있던 그들은 정신을 차리고 주위를 살폈다. 삼단노선이 천천히 방향을 틀더니 드디어 해안에 상륙했다.

알렉산더는 손에 창을 들고 배에서 뛰어내려 땅바닥에 힘껏 창을 꽂았다. 왕실 근위대의 모든 병사들은 그에게 열렬한 환호를 보냈다. 그들은 그들의 대장이 자랑스러웠다. 그는 곧 이 땅의 주인이 될 것이고, 그 누구도 감히 그의 군대에 저항하지 못할 것이다!

그러나 그들에게는 신들이 필요했다. 알렉산더는 그것을 잘 알고 있었다. 그는 해안에 제우스*, 아테나*와 헤라클레스*를 위한 제단을 만들게 했고, 제단 위에 제물을 바치게 했다. 그런 뒤 파르메니오가 지켜보는 가운데 나머지 군대가 상륙하는 동안, 알렉산더는 호위대를 이끌고 트로이로 갔다.

그곳의 아테나 신전에 가서 여신에게 자신의 갑옷을 바쳤다. 그 대신 트로이 전쟁 때 여신에게 바쳤던 방패를 가져와 근위병들*이 방패를 들고 가도록 했다. 마지막으로 그는 아킬레우스의 무덤으로 가서 금 왕관을 바쳤다.

한편 헤파이스티온은 파트로클로스의 무덤에 가서 똑같이 했다. 그리고 헤파이스티온은 알렉산더에게 이렇게 말

제우스
수많은 권한을 지닌 신들의 왕.

아테나
제우스의 딸로, 전쟁과 이성의 여신.

헤라클레스
제우스의 아들인 이 영웅은 죽어서 신격화되었다.

근위병들
마케도니아의 최고 귀족 출신으로, 왕을 경호하는 젊은이들.

했다.

"당신은 분명 큰 업적을 이룰 겁니다. 제가 신 앞에 맹세하지요!"

이에 알렉산더가 대답했다.

"그럼 누가 나의 공적을 노래할 것인가? 누가 나의 호메로스가 되어 줄 것인가?"

트로이 전쟁과 페르시아 전쟁은 알렉산더에게 좋은 본보기가 되었다. 트로이 전쟁은 전설상의 전쟁으로, 호메로스가 〈일리아드〉에서 노래함으로써 영원히 남게 되었다. 페르시아 전쟁은 실제로 있었던 전쟁으로, 기원전 5세기 초에 그리스 군이 페르시아 군과 맞서 싸운 전쟁이다.

그리스의 테르모필라이 협로

▼ 아킬레우스의 친구 파트로클로스의 망령이 헥토르의 시신 위를 날고 있다.

◀ 공격하는 그리스 장갑 보병

트로이 전쟁

그리스 군은 트로이 왕자 파리스가 헬레네를 납치한 것에 대해 복수하려고 트로이로 쳐들어갔다. 그리스 전사들 중에는 왕 중의 왕 아가멤논과 신인 아킬레우스도 끼어 있었다. 그들과 맞서 싸운 최고의 트로이 인은 파리스의 형 헥토르였다. 아킬레우스의 친구 파트로클로스는 헥토르에게 살해당했다. 아킬레우스는 복수하기 위해 헥토르를 죽였고, 명예를 최대한 훼손시키기 위해 그의 시체를 전차에 끌고 다녔다.

나는 아킬레우스의 후계자, 그리스 인들의 새로운 영웅이야.

1차 페르시아 전쟁
아시아의 그리스 도시들은 페르시아 군이 정복한 지 얼마 안 되어 반란을 일으켰다. 아테네는 그들에게 지원군을 보냈다. 다리우스 1세는 그리스 군에 보복을 하기 위해 원정을 결심했으나, 기원전 490년 마라톤에서 패배했다.

2차 페르시아 전쟁
다리우스 1세의 아들 크세르크세스는 수많은 함대와 거대한 군대를 이끌고 아버지의 계획을 다시 실행했다. 테르모필라이 협로에서 스파르타 왕 레오니다스와 그의 장갑 보병 300명은 끝까지 저항했지만 헛수고였다. 아테네 군은 페르시아 함대를 살라미스 해협으로 유인하여 기원전 480년에 전멸시켰다. 전쟁은 기원전 479년 플라타이아에서 그리스의 승리로 끝났다.

▼ 아킬레우스가 헥토르의 시신을 매단 전차를 몰고 있다.

▶ 그리스 인(서 있는 사람)과 페르시아 인의 싸움

선생의 후계자 알렉산더
알렉산더가 헬레스폰토스를 건넜을 때(기원전 334년), 그는 페르시아 전쟁의 그리스 인들뿐 아니라 트로이 전쟁의 영웅들인 가장 용감한 전사 아킬레우스와 그리스 왕들 중의 왕 아가멤논의 뒤를 이었다.

원정 초기의 전투들

알렉산더는 정말 운명의 여신*이 아끼는 사람이었다. 운명의 여신은 페르시아 인들을 눈멀게 만들었다. 알렉산더를 깔보던 다리우스는 그들의 아시아 상륙을 막으려 하지도 않았다. 손쉽게 상륙이 이루어졌다. 어린 마케도니아 왕의 보병대*는 예상했던 것보다 그 수가 훨씬 많았다.

다리우스의 훌륭한 그리스 장군, 로도스의 멤논은 불리한 전투를 피하고자 했다. 그는 직접 맞부딪치기보다는 알렉산더의 병사들이 굶주리도록 곡식을 모두 불태워 버리자고 다리우스 왕을 설득했다. 그러나 그의 제안은 무참하게 거절당했다. 정말 좋은 생각이었는데 말이다! 운명의 여신은 알렉산더를 지켜 주고 있었다.

마침내 그라니코스 강에서 두 군대가 충돌했다. 페르시아 군은 강가에 모여서 마케도니아 군이 다가오기를 애타

운명의 여신
행운. 신격화된 운명.

보병대
보병 부대(걸으면서 싸우는 군인들).

게 기다리고 있었다. 알렉산더는 군인들을 전투 대형으로 정렬시키려 했다. 그때, 필리포스의 옛 장군인 파르메니오가 끼어들었다.

"왕이시여, 강을 건너는 건 너무 무모한 짓입니다. 우리 병사들은 강물의 거센 물살 때문에 튼튼한 전선을 만들기 어려울 것이고, 결국엔 페르시아 기병대의 공격에 쉽게 무너질 것이 뻔합니다. 그러니 새벽까지 기다리는 것이 나을 듯합니다."

"그건 나도 잘 알고 있다. 그러나 고작 강물 앞에서 내가 주저한다면, 페르시아 군의 사기를 더욱 높여 주는 꼴이 될 것이다!"

장군의 말에 비위가 거슬린 알렉산더가 소리쳤다.

그리고 나서 그는 파르메니오를 좌익군으로 보내고, 자신은 우익군으로 갔다. 앞쪽에는 기병대와 경장비 보병대를, 가운데에는 중장비 보병 밀집 부대*를 배치시켰다. 맞은편에는 페르시아 기병대가 높은 강가에서 내려다보며 알렉산더의 행동을 하나하나 살피고 있었다. 번뜩이는 갑옷 때문에 알렉산더는 쉽게 눈에 띄었다.

짧은 순간 동안 침묵이 흘렀고, 병사들은 앞으로 벌어질 피비린내 나는 전투를 떠올리며 초조한 마음을 감추지 못했다. 드디어 알렉산더의 공격 명령이 떨어졌고, 그의 모든 부대가 함성을 지르며 우익군을 선두로 하여 강으로 뛰어들었다. 그는 강물의 흐름을 따라 앞으로 나아가려고 안간힘을 썼다. 육지로 오르자마자 넓은 전선을 형성하여 적

보병 밀집 부대
갑옷, 창과 방패로 중무장한 보병 부대.

화살과 투창
쏘거나 던질 수 있는 모든 무기. 화살은 활로 쏘고, 투창(가벼운 창)은 손으로 던졌다.

외국인 용병
돈(봉급)을 받고 자원하여 참가한 외국인 병사.

과 맞서기 위해서였다. 페르시아 군은 정면과 위쪽에서 화살과 투창*을 마구 퍼부었다. 마케도니아 군은 불리한 입장에 처해 있었다. 왜냐하면 그들의 창은 적군의 투창보다 그 수가 턱없이 모자랐고, 미끄러운 강바닥 때문에 몸을 가누기조차 매우 힘들었다.

첫 번째 돌격으로 많은 병사들이 목숨을 잃었다. 그러나 아무것도 알렉산더의 앞길을 가로막을 수 없었다. 그는 부하들을 다시 모았다. 말을 타고 있었지만 마치 보병대 전투 같았다. 몸은 몸끼리, 말은 말끼리, 부하들은 서로 엉켜 있는 듯했다. 알렉산더는 그야말로 동에 번쩍 서에 번쩍 했다. 여러 번 부상을 당했지만 다행히도 심하지는 않았다.

어느새 전세는 역전이 되어 마케도니아 군이 유리해졌다. 기병대는 힘겹게 육지에 오르는 데 성공하여 보병대에게 길을 열어 주었고, 보병대는 페르시아 군의 전선 한가운데를 뚫고 들어갔다. 마침내 페르시아 군이 무너졌다. 알렉산더는 페르시아 기병대가 도망치도록 그냥 내버려 두었고, 주로 그리스 군 보병대를 무찔렀다. 2만 명의 외국인 용병* 중에서 2천 명만이 포로가 되었다.

그날 저녁, 장군들과 장교들이 왕의 천막에 모였다.

"우리 편은 몇 명이 전사했는가?"

"첫 번째 돌격 때 25명의 전우들*이 죽었습니다. 그리고 60명이 넘는 기병과 약 30명의 보병이 죽었습니다."

그 정도의 피해는 큰 것이 아니었지만, 알렉산더는 고개를 떨구었다. 전우들의 죽음이 가슴 아팠기 때문이다.

"내일부터 전우들의 모습을 조각상으로 만들어 이곳에 세우도록 하게. 그들의 용기를 기리기 위해서 말이야. 다른 병사들은 그들의 무기와 함께 고이 묻어 주고, 그들 가족에게는 마케도니아에서의 모든 세금을 면제해 주게. 그런데 적들은 얼마나 죽었나?"

"페르시아 장군 여러 명이 죽었습니다."

"그들 중에는 왕의 친척들도 있습니다."

"그들도 잘 묻어 주게. 하지만 그들의 무기는 모두 모아서 아테네로 보내 아테나 여신에게 바치게."

이 눈부신 승리를 거둔 후로 소아시아*의 도시들은 하나씩 알렉산더에게 항복해 왔고, 그에게 그들의 요새뿐만 아니라 보물까지 넘겨주었다. 해안의 그리스 도시들은 더욱 저항했다. 왜냐하면 그들의 페르시아 주둔군이 동맹군인 페니키아와 키프로스의 강력한 함대의 지원을 받고 있었기 때문이다. 알렉산더는 바다에서는 자기 부대가 불리하

전우들
아주 부유한 가문 출신으로, 중장비한 마케도니아의 기병과 보병들.

소아시아
현재 터키에 해당하는 지역.

제해권
무력으로 바다를 지배하여 해상에서 가지는 권력.

멍에
수레를 끌기 위해 마소의 목에 얹는 구부러진 나무 막대.

다는 것을 잘 알고 있었으므로 해전을 벌이자는 파르메니오의 의견을 또다시 거부했다. 그가 승리를 거둔 것은 육지에서였지만, 다리우스를 완전히 무찌르려면 곧 제해권*을 손에 넣어야만 했다.

알렉산더는 소아시아의 해안을 정복한 후, 최근에 결혼한 병사들을 아내와 함께 겨울을 보내도록 마케도니아로 돌려보냈다. 그는 병사들을 왕실 근위병 프톨레마이오스에게 맡겼다.

"내년 봄에는 이 병사들 외에 새로운 부대를 데려오도록 하게!"

"폐하의 인기로 봐서 앞으로 군사를 모으는 일은 별로 힘들 것 같지 않습니다."

매섭게 추운 겨울도 알렉산더를 막지 못했다. 그는 고르디움까지 전진했다. 그곳에는 고르디우스 왕의 유명한 전차와 풀 수 없는 매듭으로 묶여진 멍에*가 있었다. 이 매듭을 푸는 사람은 아시아 전역을 지배할 수 있을 것이라고 했다. 젊은 왕은 도전해 보지 않을 수 없었다. 그러나 아무리 해도 매듭은 풀리지 않았다. 어떻게 해야 할 것인가? 그는 주저하지 않고 칼을 꺼내 두꺼운 매듭을 잘랐다.

"드디어 매듭을 풀었다!"

 조용히 지켜보던 병사들은 처음에는 조금 놀랐으나 곧 기쁨의 환호성을 터뜨렸다. 알렉산더는 아시아 제국을 차지할 것이다. 이제는 더욱 확실해졌다.

 얼마 후, 뜻밖의 소식에 알렉산더는 너무나 기뻤다. 자신이 두려워하던 다리우스의 유일한 장군 멤논이 죽었다는 것이다.

 다리우스는 마케도니아 인 알렉산더와의 전쟁을 몸소 지휘하는 수밖에 다른 방법이 없었다. 다리우스는 제국의 사방에 흩어져 있는 60만 명이나 되는 부대를 모아 알렉산더를 치기 위해 여름부터 진군을 시작했다.

 다리우스는 먼저 시리아 북쪽의 대평원에 엄청난 규모의 군대를 배치했다. 그러나 알렉산더가 병에 걸려 결전이 늦어지자, 다리우스는 조바심이 났다. 결국 이성을 잃은 그는 자신이 택한 주둔지를 떠나기로 했다. 부대는 해안을 따라 이수스 근처에 도착했다. 때는 벌써 가을이었다.

 전투를 시작하기 전, 알렉산더는 아주 열정적인 연설로 부하들의 사기를 드높였다.

 "병사들이여, 신들이 얼마나 우리를 돕고 있는지 봐라! 신들은 다리우스에게 이 좁은 평원에서 전투를 벌일 생

전열
전쟁에 참가하는 부대의 대열.

정예 부대
아주 날래고 용맹스러운 병사로 이루어진 부대.

기진맥진
기운과 의지력이 다하여 스스로 가누지 못할 지경이 됨.

각을 갖도록 만드셨다. 그곳에서는 부대가 전열*을 가다듬지 못할 것이다. 군사들이 아무리 많다 하더라도 전혀 쓸모가 없을 것이다. 또한 너희들이 이미 한번 무찔렀던 부대와 다시 만나게 된다는 것을 명심하라. 저들은 사치로 나약해진 페르시아 인들이지만, 너희들은 위험에 익숙한 전사들이다. 너희들은 자유인으로서 노예들과 맞서 싸우는 것이다. 그러니 반드시 너희들이 승리를 거둘 것이다!"

병사들이 일제히 환호하자, 헤파이스티온과 프톨레마이오스는 서로 쳐다보며 미소를 지었다. 그들의 친구이자 왕이 승리에 가득 찬 연설을 했으니, 그 무엇도 병사들을 물러서게 하지 못하리라.

전투는 바다와 산 사이에서 벌어졌다. 파르메니오의 좌익군은 페르시아 기병대의 공격을 이겨 내지 못했지만, 알렉산더와 그의 정예 부대*는 적진의 오른쪽을 뚫고 들어가 다리우스 대왕을 향해 돌진하였다. 다리우스는 전차의 중앙에서 근위대에 둘러싸여 전투를 지휘하고 있었다. 그러나 그는 곧 포위되었고, 주변은 순식간에 시체들로 즐비했다. 그의 말들은 상처를 입어 기진맥진*했다. 그는 전차를 바꿔 타야만 했다. 그런데 다리우스의 부하들은 그가 도망

아수라장
싸움이나 그 밖의 일로 큰 혼란에 빠진 곳. 또는 그런 상태.

원정
군대의 파견.

을 친다고 착각하여 자신들도 도망을 가 버렸다. 이렇게 되자 다리우스는 전쟁터를 빠져나갔고, 곧 아수라장*이 되었다. 다리우스의 기병대도 보병대를 따라 되돌아갔다. 승리를 거두고 있던 페르시아의 우익군은 다 이긴 싸움을 아쉽게도 포기해야만 했다.

달아나는 것도 쉽지만은 않았다. 왜냐하면 페르시아 군은 좁고 자갈이 많은 산길을 지나야 했기 때문이다. 마케도니아 군에게 쫓기는 페르시아 군은 균형을 잃고 제자리걸음을 하다가 수백 명씩 목숨을 잃었다. 그러나 가장 먼저 도망친 다리우스를 포함한 페르시아 군은 붙잡히지 않았다.

밤이 되어 추격은 중단되었다. 마케도니아 군은 다리우스와 그의 부대가 버리고 간 야영지에 자리를 잡았다. 알렉산더는 다리우스의 욕조에서 지친 몸을 편히 쉴 수 있었다. 그런데 어디선가 긴 한숨과 울음소리가 들려왔다. 그 소리는 바로 옆에 있는 화려한 천막에서 나는 거였다. 그 천막에는 글쎄 다리우스의 가족이 있는 것이 아닌가! 늘 원정* 때면 식구들이 왕을 따라오는데, 다리우스는 도망치면서 어머니 시시감비스와 아내 스타테이라, 그리고 세 명의 자식을 버려두고 간 것이었다. 마케도니아 군사들이 들어오는 것을 본 여인들은 다리우스가 죽었고, 이제 자신들은 노예가 될 것이라고 생각했다.

알렉산더가 헤파이스티온과 함께 천막으로 들어서자, 다리우스 왕의 어머니는 승자에게 자비를 구하려고 달려들었다. 그러나 페르시아의 관습과는 달리 두 사람이 똑같은 옷을 입고 있는 데다 왕의 작은 키 때문에 착각을 한 그녀는 헤파이스티온의 무릎에 매달렸다. 헤파이스티온은 멋쩍은 표정으로 왕 뒤쪽으로 물러섰다. 당황한 시시감비스가 고개를 숙인 채 자리를 뜨려 하자 알렉산더가 그녀를 붙들었다.

"안심하십시오, 어머니. 이 사람은 또 다른 알렉산더입니다. 당신 신분에 맞게 대우해 드리도록 할 테니 걱정 마십시오."

마케도니아 군대와 페르시아 군대는 아주 달랐다. 각국의 군대는 놀라운 무기를 가지고 있었다. 마케도니아는 중장비 보병 밀집 부대를, 페르시아는 전차를 갖추고 있었다. 전쟁의 두 수장 알렉산더와 다리우스는 용병을 모집해 전쟁을 치렀다.

마케도니아의 보병 밀집 부대
장갑 보병들은 밀집 보병 대대열을 구성했다. 그들은 각자 자기 방패로 왼쪽 편에 있는 사람을 보호했다. 결국 보병 밀집 부대는 오른쪽으로 움직이며 전투를 치렀다. 각자 오른쪽 사람의 방패로 보호를 받으려 했던 것이다.

페르시아 군대
군단은 여러 사트라피(페르시아 제국의 행정 구역)에서 지원을 받았다. 활과 창, 검은 가장 흔한 무기였다. 전사들은 대부분 잘 보호받지 못했고, 보병들은 힘도 응집력도 없었다.

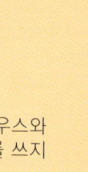

◀ 스키티아 기병. 기원전 4세기

▼ 페르시아 사수

전차들
페르시아 군은 한 명의 전차 몰이꾼과 한 명의 전사가 탄 전차를 사용했다. 이수스 전투에서 다리우스 3세의 모습을 보면 알 수 있다.

▶ 이수스 전투. 다리우스와 맞서 싸우는 투구를 쓰지 않은 알렉산더

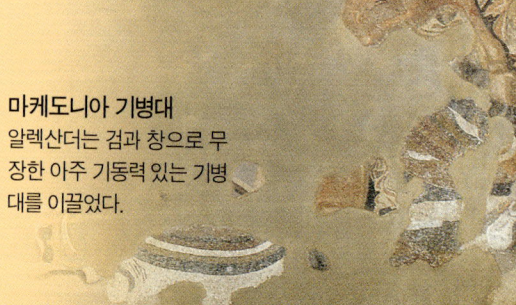

페르시아 기병대
귀족으로 구성된 기병대는 수도 많고 효율적이었다. 갑옷을 입지 않았지만 무시무시한 말 탄 사수인 스키티아 용병의 도움을 받았다.

알렉산더의 용병들
돈을 받고 참가한 외국인 지원병들은 특히 마케도니아 북쪽 지방에서 왔다. 기병이거나 경장비 보병인 그들은 활과 석궁으로 무장했다.

마케도니아 기병대
알렉산더는 검과 창으로 무장한 아주 기동력 있는 기병대를 이끌었다.

마케도니아의 장비

보병 밀집 부대의 연대감은 장비 덕분이기도 했다. 손잡이가 두 개 달린 방어용 둥근 방패, 흉갑, 투구와 정강이받이, 공격용 창과 검 등이 그들의 장비였다. 사리사라고도 불리는 마케도니아의 창은 길이가 아주 길어 5~6미터 정도였다. 다섯 번째 열까지의 병사들은 창을 수평으로 들었다. 뒤쪽의 세 열은 창을 공중으로 향하게 해서 위쪽에서 날아오는 화살과 창으로부터 부대를 보호했다.

▶ 무장 보병들의 대형. 기원전 6세기

> 알렉산더는 공격 **명령**을 내렸고, 그의 **부대**가 뒤따르며 함성을 질렀다.

▶ 흉갑. 필리포스 2세 무덤

신들의 나라를 향하여

왕의 천막 안에서는 열띤 토론이 벌어졌다. 모두가 한마디씩 하고 나섰다.

"다리우스는 이미 패했으니, 그를 다시 붙잡는 건 별로 중요하지 않소!"

"아니오. 여기서 추격을 멈춰서는 안 되오. 그는 아마 바빌론*까지 갈 거요."

"우리 권력을 소아시아에 굳히는 것으로 충분하오. 앞으로 페르시아 인들이 그리스에서의 우리 일에 더는 간섭하지 않을 거요. 우리에게 그 이상 무엇이 필요하오?"

"알렉산더님, 어떻게 하시겠습니까?"

그는 눈을 지그시 감은 채 아무 말 없이 그들의 의견을 귀기울여 듣고 있었다.

"우리는 아직 다리우스와 완전히 끝난 것이 아니다. 그러

바빌론
페르시아 제국 중앙에 있는 메소포타미아의 옛 수도.

토착민
그 나라에 사는, 그 나라 출신의 사람.

사트라프
페르시아 왕이 임명하는 한 지방(사트라피)의 최고 대표자.

탤런트
무게, 화폐의 단위. 금이나 은 약 25킬로그램에 해당한다.

나 몇 가지 문제를 먼저 해결하지 않고서는 지금 유프라테스 강을 건너 그를 쫓아갈 수는 없다. 우선 정복한 지방들을 다스려야 한다. 그러나 우리에게는 사람이 별로 없다. 따라서 우리는 페르시아 식으로 토착민* 관리들을 그대로 쓸 것이다. 하지만 페르시아와는 달리 우리는 토착민들의 관습과 신앙을 존중할 것이다. 그리고 세금도 거둬들이지 않을 것이다. 그러면 그들은 고마워서 우리에게 충성을 다할 것이다. 그러나 주요 직책에는 반드시 마케도니아 인이 필요하다. 내가 여러분들 중에서 사트라프*를 임명할 것이다. 또한 우리가 얻은 보물 중에서 몇 탤런트*를 들여 우리의 신들과 그들의 신들을 위해 새 신전을 세우도록 할 것이다. 나의 뜻에 동의하는가?"

몇몇 사람은 페르시아의 관습을 그대로 둔다는 데 조금 놀라기는 했지만, 모두 주저하지 않고 찬성했다. 프톨레마이오스가 말을 이었다.

"소아시아는 그렇다 치고, 그 다음에는요? 다리우스는 어떻게 할 겁니까?"

"성급하기는! 이제 그 얘기를 하겠다. 적함이 우리 뒤를 위협하도록 내버려 두지는 않을 것이다. 바빌론으로 들어가기 전에 다리우스가 반격해 올 수 있는 동맹 항구가 더 없는지 꼭 확인해야 한다. 먼저 페니키아와 키프로스의 항구들을 손에 넣은 후 이집트를 점령하자."

모두 눈이 동그라져 서로를 쳐다봤다. 이집트라니! 신들과 현인들의 나라를 공격한단 말인가!

마케도니아 군은 페니키아의 해안을 따라 계속해서 승리를 거두며 빠르게 진군해 나갔다. 비블로스, 시돈 등 모든 도시들이 다리우스를 이긴 승자에게 순순히 항복했다. 오직 티루스만이 알렉산더를 받아들이기를 거부했다. 그 도시는 섬 위에 세워져 있었으며, 많은 함대가 튼튼하게 방어하고 있었다. 알렉산더는 티루스의 저항을 참을 수 없었다!

결국 티루스에 대한 포위 공격이 시작되었다. 이듬해 가을까지 계속되는 아주 기나긴 공격이었다. 알렉산더는 절대 물러서지 않았고, 마침내는 방파제*를 만들어 섬과 육지를 잇기로 했다. 병사들은 왕의 따뜻한 격려를 받으며 일을 했다. 왕은 직접 현장을 감독하면서 고생하는 병사들을 칭찬하고 상을 주었다.

처음에는 모든 것이 순조롭게 진행되었다. 바다는 별로 깊지 않았고, 말뚝은 바닥의 진흙 속에 쉽게 박혔다. 진흙은 돌을 지탱시켜 주는 시멘트 역할을 했고, 돌 위에는 많

방파제
파도를 막기 위해 항만에 쌓은 둑. 바람의 센 물결을 막아서 항구를 보호한다.

은 목재를 쌓았다. 방파제가 조금씩 물 위로 모습을 드러냈다. 그러나 곧이어 어려움에 부닥쳤다. 도시에 가까워지자 수심이 갑자기 5미터 이상 깊어진 것이다.

  때맞춰 티루스 군이 공사를 하느라 제대로 무장하지 못한 마케도니아 군을 성벽에서부터 공격했고, 바다에서도 티루스 군의 삼단노선이 마케도니아 군을 공격해 왔다. 마케도니아 군은 병기를 지탱해 줄 두 개의 높은 탑을 세워 날아오는 화살을 막았고, 함대를 이리저리 흩어지게 했다. 가죽을 댄 불화살들이 나무탑을 보호하고 있었다. 그러나 티루스 군은 자기들이 패배할 것이라고는 꿈에도 생각하지 않았다. 그들은 수송선을 무장시켜 그 배에 나무와 **피치***, 불타는 횃불을 가득 실어 나무탑으로 진격했다. 나무

피치
불이 아주 잘 붙는 송진이나 타르를 원료로 한 물질.

탑에 불이 붙었고, 티루스 군의 삼단노선들은 구조를 하지 못하도록 가로막았다. 모든 것을 다시 시작해야 했다.

알렉산더는 실망하지 않았다. 그러나 함대가 없이는 포위 공격을 성공으로 이끌 수 없다는 것을 알게 되었다. 그래서 그는 시돈의 함대를 로도스와 키프로스* 함대와 함께 오게 했다.

2백 척이 넘는 함대가 티루스로 향했다. 어느새 전세가 뒤바뀌었고, 이제 티루스 군은 도시 안에 꼼짝없이 갇혀 감히 항구로 나오지 못했다.

알렉산더는 마침내 넓은 방파제 건설을 끝마쳤다. 그런 다음 그는 성벽을 공격했다. 그런데 성벽은 높이가 45미터나 됐고, 방파제 쪽으로도 두께가 그만큼이 되었다. 따라

키프로스
페르시아의 옛 동맹군. 페니키아의 거의 전역이 알렉산더의 손에 들어간 것을 보고 진영을 바꾸었다.

선견지명
어떤 일이 일어나기 전에 미리 앞을 내다보고 아는 지혜.

정박하다
배가 닻을 내려 바다에서 움직이지 않다.

서 바다로 접근해야만 했다. 그러나 선견지명*이 있는 티루스 군은 섬 전체 주변의 바닷물에 큰 바위 덩어리들을 던져 두었다. 함대가 가까이 다가가기에는 매우 위험했다. 알렉산더는 삼단노선에 굵은 밧줄을 매어 바위 덩어리들을 치우게 했다.

그러자 적군은 닻줄을 끊어 버리려고 잠수부들을 보냈다. 그렇게 해서 삼단노선들은 정박하지* 못했고, 작업을 할 수가 없었다. 그러나 알렉산더는 닻줄을 다시 쇠사슬로 바꾸어 바위 덩어리들을 치우는 데 성공했다. 마케도니아 군은 삼단노선 위에 세운 병기 덕분에 성벽 가까이 접근하여 공격할 수 있었다.

이제 도시를 점령하는 것은 시간 문제였다. 성벽에 뚫린 구멍을 밟고 올라가 벽 위로 구름다리를 던졌고, 다리 위로 마케도니아 군이 몰려 들어갔다.

알렉산더의 병사들은 적군을 8천 명이나 무참히 죽였다. 이렇게 포위 공격이 성공하기까지는 8개월이라는 오랜 시간이 걸렸다. 알렉산더는 티루스 군이 생포한 마케도니아 군을 모두 죽여 버린 사실을 잊지 않고 있었다. 그래서 그는 복수라도 하듯 무자비하게 행동했고, 3만 명의 포로를 노예로 팔았다.

그는 힘들게 거둔 승리를 축하했다. 헤라클레스*에게 제물을 바치고, 무장한 부대가 거리 행진을 하였으며, 나체 경기와 횃불 경주가 열렸다.

얼마 후, 다리우스로부터 전갈이 왔다. 자신의 가족들과 바다에서부터 유프라테스 강까지의 모든 영토를 돌려받는 대가로 1만 텔런트를 알렉산더에게 주겠으며, 서로 동맹을 맺어 평화를 유지한다는 의미에서 자기 딸을 주겠다는 것이었다. 부하들은 왕의 대답을 기다렸다. 왕은 아무 말 없이 그들을 빙 둘러봤다. 파르메니오가 말을 꺼냈다.

"내가 알렉산더라면 기꺼이 이 조건을 받아들이고 전쟁의 위험을 해결하겠습니다!"

"물론이지. 내가 파르메니오라면 나도 기꺼이 그렇게 했을 거다. 하지만 나는 알렉산더다. 나는 다리우스가 내가 손아귀에 쥐고 있는 것으로 마치 선심 쓰듯 선물하겠다는 건방진 제안을 받아들일 수 없다. 그에게 바라는 것이 있다면, 그가 직접 내게 와서 간청하는 것이다!"

부하들은 고개를 끄덕이며 만족스런 미소를 지었다. 그들 역시 모험을 너무 일찍 끝내는 것을 원하지 않았던 것이다.

이집트로 향하는 길에, 알렉산더는 모두가 함락할 수 없다고들 말하는 가자 고원을 점령해야 했다. 그러나 이것이

헤라클레스
헤라클레스는 티루스에서는 멜카르(Melquart) 신에 해당한다. 그리스인들은 외국 신들을 쉽게 동일시했다.

마지막 장애물이었다. 이집트가 이미 그에게 항복했기 때문이다! 그는 페루자에서 출발하여 나일 강을 거슬러 올라가 멤피스까지 갔다. 그는 그곳에서 그리스와 이집트 신들에게 제물을 바쳤고, 운동 경기와 예술 경연을 열었다. 그는 북서쪽으로 되돌아오면서 자기 이름을 딴 새 도시 알렉산드리아를 건설하기로 했다.

왕이 성벽 자리를 바닥에 그리려고 하는데, 마침 분필이 없어 대신 밀가루를 사용했다. 그러나 수많은 새들이 갑자기 사방에서 몰려와 밀가루로 달려들더니 아무것도 남겨 놓지 않았다. 알렉산더의 점쟁이* 아리스탄드로스는 몹시 불안해하는 알렉산더를 진정시켰다.

"왕이시여! 이것은 이 도시가 번창할 것이며, 사방에서 모여든 사람들을 먹여 살릴 것이라는 뜻이옵니다."

안심이 된 알렉산더는 곧바로 건축가들에게 일을 시작하라고 명령했다. 도시가 건설되는 동안 그는 리비아*에 있는 아몬 신*의 신탁소로 향했다. 알렉산더는 사막 앞에서도 결코 뒷걸음질하지 않았다. 그는 아몬 신의 신탁*을 듣고 싶어 했다. 겨울인데도 여정은 견디기 매우 힘들었다. 사막은 끝이 없이 펼쳐졌고, 태양은 모든 것을 집어삼킬 정도로 이글거렸다.

점쟁이
신이 보내는 신호를 이해하고 풀이하는 사람.

리비아
그리스 인들이 북아프리카를 가리켜 부르던 이름.

아몬 신
이집트 태양신.

신탁
신이 자신의 의견을 밝히는 것. 그것을 이해하기 위해서는 통역지(주로 사제)가 필요했다.

신들의 나라를 향하여

"알렉산더님, 병사들이 지칠대로 지쳤습니다!"
"알렉산더님, 물이 다 떨어졌습니다!"

다행히도 작은 부대는 신의 보호를 받고 있었다. 소나기가 내려 더위를 식혀 주었고, 필요한 물을 얻을 수 있었다. 게다가 아무 지표도 없어 길을 잃어버렸다고 생각되었을 때, 두 마리의 까마귀가 나타나 행렬의 맨 앞에서 날면서 길을 안내해 줬다.

마침내 더 이상의 어려움 없이 올리브와 종려나무가 있는 오아시스에 도착했다. 한가운데에는 아몬 신선이 우뚝 서 있었고, 알렉산더는 혼자 안으로 들어갔다.

밖에서 기다리던 부하들은 그가 나오자 신의 말씀이 듣고 싶어 안달이었다. 그러나 그의 잔뜩 굳은 표정 때문에 감히 물어보지 못했다. 헤파이스티온이 조심스레 말을 걸었다.

"어떻게 되었습니까? 신탁이 뭐라고 하던가요?"
"내가 바라는 건 모두 들어준다고 했다."
"정말입니까? 그렇다면 안심입니다. 아시아가 곧 당신의 것이 되는 겁니까?"
"물론이지. 사제들도 그렇다고 했네."
"그렇다면 당신 아버지를 살해한 자들은 모두 벌을 받게 된다고 합니까?"

"필리포스의 살해범들은 그렇다네. 하지만 내 아버지는 죽는 자*가 아니라고 신의 사제들이 내게 말했네."

"당신 아버지가 죽는 자가 아니라니요? 그럼 대체 어떻게 된 거란 말입니까?"

알렉산더는 더 이상 아무 대답하지 않고 길을 계속 갔다. 헤파이스티온은 그 자리에 남아서 고개를 숙인 채 생각에 잠겼다.

> 죽는 자
> 인간. 죽지 않는 자는 신이다.

알렉산더는 이집트의 알렉산드리아를 건설하면서, 이 도시가 여러 세기 동안 그의 이름을 빛낼 것이라는 사실을 알지 못했다. 페르시아에게 다시 정복당한 지 얼마 안 된 이집트는 페르시아 인의 지배를 잘 견디지 못했다. 기원전 332년 알렉산더는 이집트에 도착하면서부터 해방자다운 태도를 취했다.

파라오 알렉산더
알렉산더는 이집트의 관습을 따랐고, 마침내 파라오가 되었다. 그는 모든 선왕들처럼 자신을 '아몬 신의 아들'로 부르게 했다. 그의 장군들 중 몇 명은 그가 진짜 아몬 신의 아들이었다는 이야기를 퍼뜨렸다.

◀ 파라오 차림의 알렉산더 왕

▼ 에우독소스의 파피루스에 쓴 천문학 고문서. 기원전 3~2세기, 이집트, 파리

▲ 알렉산드리아 등대

세계 제7대 불가사의
높이가 135미터이고 각기 다른 형태의 3층으로 이뤄진 알렉산드리아 등대는 위에 구제자 제우스의 조각상이 서 있었다. 테라스의 모퉁이에는 농무경적(짙은 안개를 알리기 위하여 울리는 고동)을 부는 트리톤의 조각상들이 서 있었다. 아마도 선원들에게 날씨가 궂은 날을 알려 주기 위해서인 듯하다. 아주 멀리서도 보이는 등대 불빛이 윗층에서 늘 불타고 있었다.

알렉산드리아 항구에서의 발굴 작업

아몬 신

알렉산더는 아몬 신의 성소에서 아버지 신의 보호를 받으며 이동했다. 이 신은 주로 레(태양신)나 크눔(숫양 머리를 한 창조의 신)과 연관 지어진다. 아몬 신과의 '친자 관계'를 상기시키기 위해 사람들은 알렉산더를 숫양의 뿔과 함께 표현했다.

▲ 숫양 머리를 한 크눔 아몬 신 조각상

모두 서로를 쳐다봤다. 이집트라니!
신들과 현인들의 나라를 공격한단 말인가!

프톨레마이오스 1세의 알렉산드리아

이집트에서의 알렉산더의 후계자 프톨레마이오스는 최초의 고대 과학 연구소인 박물관과 도서관을 지었다. 그는 모든 세계에서 쓰여진 유명한 작품들을 그곳에 모아 놓았고, 유대 성서를 포함한 수많은 저서를 그리스어로 번역하게 했다.

페르시아 제국 한가운데서

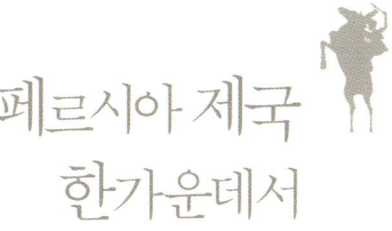

　군대와 새 속주들을 재정비하면서 알렉산더는 겨울을 이집트에서 보냈다. 그는 많은 주요 직책을 프톨레마이오스, 하르팔로스, 네아르코스와 여러 다른 동료들에게 맡겼다.
　봄이 되자 군대는 길을 떠나 페니키아와 시리아를 지나고, 유프라테스 강과 티그리스 강을 건넜다. 뜨거운 햇빛 아래 6개월 만에 1,500킬로미터 이상을 행군했다. 다행히도 그사이 특별한 어려움이나 저항에 부딪힌 적이 없었다. 그때 거의 완전한 월식이 일어났다. 알렉산더는 달과 해, 땅의 신에게 제물을 바쳤다. 점쟁이 아리스탄드로스는 희생 제물의 내장을 살펴보고는 왕에게 유리한 점괘가 나왔고, 왕은 이달에 승리를 거둘 것이라고 예언했다.
　얼마 후, 포로가 된 페르시아 정찰병*들은 다리우스가 아주 가까운 가우가멜라에 있으며, 그의 부대는 수가 아주

정찰병
전쟁터나 적군의 상황을 알아보기 위해 앞서 보내는 병사.

많다고 밝혔다. 1백만 명의 보병, 4만 명의 기병과 2백 대의 창 달린 전차*를 가지고 있다는 것이었다. 메디아와 파르티아, 시리아와 아르메니아, 인도, 소그디아나와 박트리아 등 중앙과 동쪽에 있는 사트라피의 모든 부족들이 다리우스에게 군대를 보냈다.

  단순한 동맹을 맺은 스키티아*도 훌륭한 기병 사수들을 보내왔다. 2년 전 이수스의 패배에서 교훈을 얻은 다리우스는 자신의 부대 규모에 충분할 정도로 넓은 땅을 골랐다. 그리고 창 달린 전차들이 안전하게 다닐 수 있도록 땅을 평평하게 만들기까지 했다. 만반의 준비를 끝낸 그는 알렉산더를 기다리고 있었다. 적군이 보이는 곳에 도착한 알렉산더는 파르메니오의 충고를 따라 먼저 전쟁터의 여러 상황을 파악하는 시간을 가졌다. 그리고 병사들도 하룻밤을 쉬게 했다.

  그런 다음 그는 여러 부대장들을 불러 모았다.

  "이번 전투의 목적은 이전의 전투와는 판이하게 다르다. 이번에는 아시아 제국 전체가 관련된 것이다. 군대가 조용히 일사불란하게 움직일 것인지, 공격의 함성을 지를 것인지, 앞으로 달려나갈 것인지, 방향을 바꿀 것인지를 확실하게 하여야 한다. 여러분의 부하들 하나하나에게

창 달린 전차
다리우스는 전차 옆에 칼날과 창을 달아 말들이 지나가면서 마주치는 것들을 잘라 버릴 수 있도록 했다.

스키티아
중앙아시아 대초원 지역인 스텝의 유목 민족.

각 개인은 승리를 위해 단결해야 하는 큰 전체의 작은 부분이라는 것을 명심하도록 당부하라. 그들 한 사람 한 사람에게 승리가 달려 있노라!"

캄캄한 밤이었지만 진지*는 흔들리는 횃불의 불빛으로 대낮처럼 환했고, 평원에서는 소 울음소리가 희미하게 들려왔다. 마치 잔잔한 파도가 일렁이는 바다와도 같았다.

왕은 보통 때와는 달리 아침 늦게까지 잠을 잤다. 그가 잠에서 깼을 때는 벌써 해가 중천에 떠 있었다. 침착한 그의 모습을 지켜본 동료들은 마음을 놓았다.

"더 이상 걱정할 이유가 없다. 다리우스는 이번 전투에 모든 병력을 투입할 것이다. 오늘 저녁이 되면 지긋지긋한 전쟁도 끝날 것이다!"

알렉산더가 옅은 미소를 지으며 동료들에게 말했다.

알렉산더는 다리우스의 전선에 대응할 만한 넓은 전선으로 다리우스와 맞서려고 하지 않았다. 그는 두 개의 대열을 만들어 측면과 후방을 보호하도록 했다. 따라서 그가 늘 이끌던 우익군은 페르시아 진영의 한가운데 있는 다리우스와 마주보게 되었다.

알렉산더는 기병대가 오른쪽 측면을 방어하도록 했다. 그러면서 비록 규모는 작지만 자신의 정예 부대와 함께 적

> **진지**
> 언제든지 적과 싸울 수 있도록 설비 또는 장비를 갖추고 부대를 배치하여 둔 곳.

진을 뚫고 다리우스를 직접 공격할 수 있는 통로가 열리기를 기다리고 있었다. 드디어 알렉산더의 계획이 성공했다! 다리우스와 그의 군대는 허겁지겁 달아나기 시작했다.

　다리우스의 창 달린 전차들은 화약에 불이 너무 천천히 붙는 바람에 그만 표적을 놓치고 말았다. 알렉산더의 지휘에 따라 보병 밀집 부대*는 적군의 무서운 병기들이 지나가도록 대열을 활짝 열었다. 한편, 기병들은 멀찍이 떨어져 병기들을 둘러싼 채 적들이 돌진하는 것을 막기 위해 사수들과 말들을 사이사이에 세워 놓아 빈틈이 없도록 꽉 채웠다. 좌익군은 어려움을 겪고 있었고, 포로들과 짐들이

보병 밀집 부대
중장비 보병대.

있는 진지 또한 어렵기는 마찬가지였다. 그러나 차츰 모든 페르시아 군이 도망을 쳤고, 마케도니아 군은 완전한 승리를 거두었다.

약 30만 명의 이방인들이 죽었고, 그보다 훨씬 많은 수의 포로가 생겼다. 알렉산더는 단지 1백 명의 부하를 잃었지만, 안타깝게도 천 마리가 넘는 말을 잃었다.

알렉산더는 몇 시간 동안 군대를 정비한 뒤 자정이 되자 다리우스를 뒤쫓아 갔다. 그는 100킬로미터가 넘는 빠른 속도로 달려서 다리우스가 짐을 남겨 둔 아르벨라에 도착했다. 이수스에서처럼 알렉산더는 많은 보물과 다리우스 왕의 기장, 전차, 옷과 무기를 차지했다. 그러나 다리우스를 붙잡지는 못했다. 다리우스는 가우가멜라에서 멀리 떨어진 메디아를 향해 열심히 달렸다. 그러나 그것이 마지막이었다. 그의 군대는 참수형에 처해지거나 뿔뿔이 흩어졌고, 다리우스는 제국 전체에서 평판이 나빠졌다. 그의 참패는 신들 중에서 가장 위대한 신인 아후라 마즈다*가 그를 버렸음을 여실히 보여 주는 것이었다. 몇 명의 충성스런 페르시아 병사와 그리스 병사들이 그를 호위했지만, 그것도 얼마 가지 못했다.

한편, 알렉산더는 제국의 대도시들 중 가장 큰 바빌론까지 450킬로미터를 진군했다. 그는 그곳에서 군주로 받들어졌다. 그가 지나는 길에는 꽃이 뿌려졌고, 은 제단 위에서는 향이 타올랐으며, 사제들은 리라 소리에 맞춰 찬가를 불렀다. 또한 사람들은 알렉산더에게 사자와 여러 마리의 표범을 바쳤다. 알렉산더는 신들, 특히 모든 사람에게 가장 숭배를 받는 바알 신*에게 여러 번 제물을 바쳤고, 크세르크세스*가 파괴한 신전들을 다시 건설하도록 했다.

그런 다음, 또 몇 백 킬로미터를 더 달려서 제국의 수도 수사에 도착했다. 왕의 궁전 안으로 들어간 마케도니아 군은 건물의 웅장한 규모, 화려한 장식과 값비싼 가구 등을

아후라 마즈다
페르시아 종교의 최고 신. 다리우스는 그 신의 지상의 대표자였다.

바알 신
페니키아의 신. 그리스인들은 바빌론의 신 마둑과 혼동했다.

크세르크세스 1세
(기원전 486~465년)
페르시아 왕으로, 바빌로니아와 이집트의 반란을 무참히 진압했다.

보고 깜짝 놀랐다. 헤파이스티온과 프톨레마이오스는 눈이 휘둥그레졌으나, 알렉산더는 아주 침착했다. 조금 떨어져 있던 파르메니오의 아들 필로타스는 조심스럽게 옆 사람의 귀에 대고 속삭였다.

"정말이지 '그'는 이집트에서부터 자기를 아몬의 아들이라 생각하고 있어. 페르시아 제국의 대왕이라고 해도 믿겠어!"

게다가 필로타스의 말을 인정이라도 하듯이, 알렉산더는 왕들이 모은 엄청난 보물을 공식적으로 넘겨받기 위해 다리우스의 왕좌에 앉았다. 그가 받은 재물은 수사에서만 해도 금과 은을 합쳐 5만 탤런트가 되었다. 그의 발이 땅에 닿지 않도록 사람들은 그에게 다리우스의 금으로 된 발받침을 가져다 줬다.

그러나 알렉산더는 그것으로 만족하지 않았다. 그는 추운 겨울임에도 불구하고 아케메네스 왕조*의 근원지인 페르시아 본토*의 도시들을 점령하고 싶어 했다. 그러기 위해서는 험한 산악 지대를 통과해야 하는데, 그곳에서는 다리우스에게 충성을 다하는 페르시아 군과 마주쳐야 했다.

알렉산더는 가장 안전하고 가장 먼 길로 군대의 중요 부대를 보냈고, 자신은 경장비 부대를 이끌고 눈발이 세차게

왕조
권력을 이어받는 가문. 다리우스 3세는 아케메네스 왕조의 마지막 왕이다.

페르시아 본토
아케메네스 왕조의 첫 번째 왕 키루스가 제국을 정복하기 전에 왕으로 있었던 지역.

흩날리는 페르시아 관문 고개*의 협로*로 향했다. 그런데 그곳에서는 페르시아의 사트라프가 협로를 막고 높은 곳에 몰래 숨어서 알렉산더를 기다리고 있었다. 알렉산더는 협로로 들어서고 나에야 위험을 깨달았다. 산 위에서 적군들이 떨어뜨린 커다란 바위들이 비 오듯 마구 쏟아지면서 지나는 길에 있는 모든 것을 산산조각 내 버렸다. 방패는 바위 덩어리 앞에서는 무용지물*이었고, 아무런 반격을 할 수가 없었다. 그야말로 피해가 엄청났다.

"적군을 배후에서 공격할 수 있는 방법이 정말 없단 말이냐? 이 산에 대해서 잘 알고 있는 포로가 분명히 있을 것이다!"

알렉산더의 주장은 일리가 있었다. 마침내 염소들이 다니는 산길을 돌아다녀 본 리키아 인* 목동 한 명을 찾아내 데려왔다. 목동은 밤중에 눈 쌓인 산꼭대기를 지나 현기증이 나는 협곡의 가장자리에 있는 좁은 길로 왕과 그의 소수 정예 부대를 안내했다. 페르시아 군의 맞은편 야영지를 차지한 마케도니아 군은 새벽에 나팔 소리를 들었다. 알렉산더가 성공했다는 신호였다. 지휘를 맡은 크라테로스는 곧장 공격 명령을 내렸고, 페르시아 군은 완전 포위되어 옴짝달싹 못하게 되었다. 이렇게 하여 아케메네스 왕조의 자

페르시아 관문 고개
이란 고원 남서쪽으로 긴 협로를 이루고 있다.

협로
산 사이에 자연적으로 만들어진 좁은 길.

무용지물
쓸모없는 물건이나 사람.

리키아 인
그리스 어를 말하는 소아시아의 리키아 주민.

랑스런 도시 페르세폴리스까지 가는 길은 평탄했다. 알렉산더는 서둘렀다. 페르시아 주둔 부대가 보물을 약탈할 시간을 주고 싶지 않았기 때문이다.

마케도니아 군은 제국의 수도, 부유한 도시 안으로 당당히 들어갔다. 페르세폴리스는 오랫동안 가장 위험한 적으로 여겨 왔었다. 알렉산더가 병사들의 손에 도시를 맡기자, 잔인한 학살과 도굴이 시작되었다, 금과 자줏빛 옷감, 가구, 온갖 보석 등 어떤 것도 남아나지 않았다.

알렉산더는 이제 엄청난 부자가 되었다. 그는 신들에게 수많은 희생 제물을 바쳤고, 동료들에게도 연회를 베풀었다. 축제가 연이어 벌어졌고, 축제는 어느새 술잔치로 바뀌었다. 강인한 전사들이 술을 엄청 좋아했기 때문이다. 디오니소스*는 특히 마케도니아에서 숭배되었다.

어느 날, 술잔치에서 아테네의 고급 창녀* 타이스가 옛날에 크세르크세스가 자신들의 도시를 불지르고 파괴한 이야기를 늘어놓았다.

"알렉산더여, 이 궁전을 불살라 버려 페르시아의 영광을 파괴하는 것이 당신다우신 일이옵니다!"

알렉산더는 과연 이 유혹에 넘어갈 것인가? 아니면 어쩜 그의 속마음도 똑같은 거였을까?

디오니소스
포도나무와 술을 다스리는 그리스 신.

고급 창녀
결혼한 여자들과는 달리 축제에 참가할 수 있는 창녀.

파르메니오와 몇 명의 다른 동료들의 반대에도 불구하고 손님들은 열정적이고 즐겁게 행렬을 지었다. 그들은 불타오르는 횃불을 들고 플루트와 노랫소리에 맞춰 궁전에 불을 질렀고, 궁전은 순식간에 검은 연기로 뒤덮였다.

페르시아의 찬란함을 보여 주던 궁전은 더 이상 존재하지 않았다. 마침내 마케도니아 인들의 왕은 알렉산더 왕이 되어 페르시아 제국의 대왕 자리를 차지할 준비가 되었다.

페르시아의 왕들은 알렉산더가 오기 전까지 서아시아 전체, 유럽 주변에서 인도까지, 그리고 이집트를 2세기 동안이나 지배했다.

▶ 다리우스 1세, 기원전 5세기, 이란

전지전능한 왕

왕을 둘러싼 의례와 사치는 그를 전 인류의 꼭대기에 세우기 위한 것이었다. 왜냐하면 그는 아후라 마즈다의 대표자였기 때문이다. 왕은 파리채와 파라솔을 든 시종들이 늘 따라다녔고, 근위병과 사수들에게 둘러싸여 있었다. 모두 화려하게 장식된 옷을 입었고, 금팔찌와 금귀고리를 했다. 왕의 의복은 훨씬 더 화려했다.

접견

왕이 손님을 만날 때는 값비싼 발받침 위에 발을 얹고서 높은 왕좌에 앉았다. 이동할 때는 전차를 탔다. 왕권의 상징인 사자는 궁전 벽의 장식이나 옥쇄에 새겨졌다.

▶ 바빌론 궁전의 사자

▲ 사절들. 페르세폴리스 궁전의 소벽

마케도니아 군은 제국의 수도인 페르세폴리스, 부유한 도시 안으로 당당히 들어갔다!

거대한 제국

페르시아에서 온 정복자들은 키루스와 캄비세스였다. 그 후 다리우스 1세는 오랜 통치 기간 동안(기원전 522~486) 이 제국을 굳건하게 정비했다. 그는 제국을 위대한 신 아후라 마즈다의 영향력 아래 두었고, 신은 제국을 하나로 단결시켜 주었다. 넓고 안전한 도로들이 제국을 사방으로 가로질렀다. 각 지방은 사트라프의 권한 아래 있었다. 사트라프는 대부분 왕이 임명한 페르시아 인이었으며, 그들은 왕에게 지역의 여러 정황들을 일일이 보고하였다.

페르세폴리스에 있는 왕좌의 방 입구

◀ 페르시아 사수들, 기원전 5세기, 수사

사절들

수사와 페르세폴리스에 있는 화려한 궁전들은 왕의 막강한 권력을 보여 준다. 매년 사절들이 제국 전역에서 몰려와 왕에게 복종의 표시로 선물을 바쳤다. 제국의 모든 종족은 궁전 소벽에 표현되어 있다. 여기서는 전통 복장을 입고 낙타를 데리고 오는 파르티아 인(맨 위)의 모습을 엿볼 수 있다.

배신의 시기

알렉산더는 화재가 일어난 이후, 페르시아 본토를 떠나 메디아에 피신해 있는 다리우스를 뒤쫓아 갔다. 그는 **엑바타나***까지 무거운 짐과 엄청난 보물을 옮기는 일을 파르메니오에게 맡겼다.

알렉산더는 전속력으로 달려 메디아에 도착했다. 그러나 이미 다리우스는 그곳을 떠나고 없었다. 다리우스는 알렉산더와 전투를 벌일 새 부대를 충분히 모을 수가 없었다. 그러자 동쪽 지방의 사트라프들과 그들의 부대, 마지막 남은 그리스 충신들을 데리고 엑바타나를 떠나 동쪽의 박트리아로 도망을 가 버렸던 것이다. 알렉산더는 이번엔 그를 반드시 붙잡으려고 마음먹었다. 그러나 난관에 부닥치고 말았다.

"알렉산더님, 동맹군들이 불평하고 있습니다."

엑바타나
메디아의 수도. 제국의 마지막 중심 대도시(지금의 이란 북서쪽).

"또 무슨 일이냐?"

"우리가 알고 있는 세상 끝에 도착했다는 걸 잘 알고 계시잖습니까! 그리스 인들 모두가 새로움과 정복에 목말라 하는 알렉산더님과 같지는 않습니다. 그런데 당신은 그들이 임명한 그들의 총사령관입니다. 그 사실을 잊고 계신 것 같군요."

"그렇다면 그리스 인들에게는 정말 안된 일이구나. 나는 그들이 더 이상 필요하지 않아. 그들의 부대를 해산*시키겠다. 이제부터 나는 그리스 인들을 대표하지 않고, 나 스스로를 대표할 것이다!"

크라테로스와 헤파이스티온은 노여워하는 왕을 보고 웃음을 터뜨렸으나, 프톨레마이오스와 클레이토스는 걱정스러워했다.

"좋습니다. 동맹군들을 해산시키는 데는 저희도 모두 동의합니다. 그러나 전쟁을 계속하려면 사람들이 필요합니다!"

"아무 문제 없다. 계속 싸우기를 원하는 병사들을 용병* 으로 모으면 된다. 돈을 준다면 그들은 우리의 병사가 될 것이다. 그러면 우리는 그리스 동맹군에게 떳떳할 것이다. 그리고 토착민 병사들도 모아야 한다. 그들은 누구보

해산
모인 사람들을 흩어지게 하다.

용병
지원한 사람에게 봉급을 주어 병력에 복무하게 함. 또는 그렇게 고용한 병사.

다도 이 나라를 잘 알고 있을 테니까!"

 군대를 재정비한 뒤, 한 무리의 기병대만을 이끌고 강행군을 하여 메디아와 파르티아를 지나 다리우스를 뒤쫓아 갔다. 계속 가기에 너무 지친 병사들과 말들은 도중에 가차 없이 버려졌다. 사막을 지나는 동안 물도 부족하고 피로가 몰려왔으나 알렉산더는 끄떡없었다. 그들은 11일 만에 650킬로미터를 행군했다.

 어느 날, 알렉산더는 새로운 정보를 듣게 되었다. 다리우스가 동쪽 지방의 사트라프들에게 포로로 잡혀 있다는 것이다. 누구보다도 다리우스에게 충성을 바쳐야 할 사람들에게 말이다. 다리우스를 순순히 넘겨줌으로써 알렉산더에게 자신들의 용서를 구하려는 것일까? 알렉산더는 화가 치밀었다. 그는 다리우스를 손수 무찌르려고 했지, 적들의 비겁한 배신으로 그를 얻고 싶지는 않았다. 공모자*들은 다리우스가 그들에게 아무런 쓸모가 없다는 것을 알게 되자, 주저하지 않고 그를 죽여 버렸다.

 이수스 전투 후 3년, 가우가멜라 전투 후 1년이 지난 즈음, 다리우스는 자기편에게 배신을 당하여 씁쓸한 종말을 맞고 말았다. 알렉산더는 경건한 마음으로 다리우스의 장례를 치러 주었다. 그의 시신은 페르시아의 관습에 따라

공모자
음모에 가담한 사람들. 여기서는 다리우스를 배반한 사람들을 가리킨다.

페르세폴리스에 묻혔다. 알렉산더는 이제 더 이상 제국을 놓고 경쟁할 상대가 없었다. 그는 다리우스의 어머니와 자식들을 가족으로 받아들임으로써 멋진 남자이면서 위대한 왕으로서 다리우스의 뒤를 이었다.

  그는 자신이 '대왕'이라는 칭호를 쓸 수 없다는 것을 알고 있었다. 마케도니아 인들은 그런 사실을 참지 못할 것이다. 그러나 그는 동양인들이 자신에게 그렇게 경의를 표하도록 내버려 뒀고, 몇 가지 왕의 옷과 기장*도 사용했다. 그는 왕관을 쓰고 흰 줄무늬 겉옷을 입었지만, 그의 취향에는 왠지 우스꽝스러워 보이는 바지와 소매 달린 외투는 입지 않았다. 마케도니아의 최고 귀족들은 자줏빛 천으로

기장
국기, 군기, 교기와 같이 특정한 단체나 개인을 대표하여 나타내는 기를 통틀어 이르는 말.

가장자리를 두른 겉옷을 입도록 했고, 그들의 말에게는 '페르시아식으로' 마구*를 달라고까지 했다.

그는 다른 분야에서도 다리우스의 뒤를 이었다. 그것은 바로 하렘*이었다. 첩이 무려 360명이나 되었다. 매일 저녁 첩들은 함께 밤을 보내기 위해 알렉산더에게 선택되기를 기다리며, 그의 침대 주변을 맴돌았다고 한다. 실제로 알렉산더는 그녀들에게 거의 접근하지 않았지만, 다른 것들과 마찬가지로 이 '유산'에도 애착을 가지고 있었다.

또한 알렉산더는 페르시아 인들과 메디아 인들을 하인으로 뿐만 아니라 자기 측근으로도 삼기 시작했다. 그는 자기편이 된 사람들 중에 최고 귀족들을 왕실 근위병으로 임

마구
말을 타거나 부리는 데 쓰는 도구.

하렘
대왕의 부인들과 첩들 (비합법적인 부인들) 모두를 가리킨다.

명했다.

이 모든 것들은 마케도니아 인들에게 많은 불만을 불러일으켰다. 알렉산더는 조국의 관습을 무시한 채 동양의 군주가 되려는 것인가? 왕은 자칫 위험해질 수 있는 사람들의 불만의 목소리를 알아챘다. 그동안 알렉산더는 다리우스의 살해자들을 잊지 않고 있었다. 그는 다리우스의 추격 후에 모집한 부대를 이끌고 히르카니아로 향했다. 그는 위험한 협로를 지났고, 페르시아 귀족들이 그와 합류했다. 그들은 알렉산더를 다리우스의 암살자들 중 하나로 보기보다는 알렉산더가 다리우스의 뒤를 잇기를 진심으로 바랐다. 그가 계속해서 진군해 나감에 따라 많은 도시와 군사들이 힘에 의해 굴복되거나 스스로 앞장서서 동맹을 맺었다.

그러나 반란을 일으킨 사트라프들은 알렉산더를 피해 안전한 곳을 찾아 먼 지방으로 떠났다. 박트리아의 사트라프이자 다리우스를 배신한 주모자 베소스가 스스로 대왕이라 칭하였다. 알렉산더는 그에게 반드시 다리우스의 복수를 하겠다고 결심했다. 그래서 그는 **박트라*** 로 향했다. 그러나 그만 베소스의 한 공모자에 의해 아리아에서 발목을 잡히고 말았다. 그 공모자는 얼굴색 하나 변하지 않고 속

박트라
박트리아의 수도

임수를 섰다. 알렉산더와 동맹을 맺기를 질질 끌던 그는 길을 열어 주고 나서 비겁하게 뒤에서 공격했다. 다행히도 알렉산더는 재빨리 대응했다. 그는 적의 군대를 초토화시키는 데 성공했지만, 많은 병사를 잃었다.

아주 위험할 수도 있었던 이 사건은 일종의 경고가 되었다. 알렉산더가 조심하지 않으면 동쪽의 사트라피 안으로 들어갈 수 없을지도 몰랐다. 그는 박트리아로 향하기보다는 아리아와 드랑기아나, 아라코시아를 정복하기 위해 남쪽으로 돌아가기로 했다.

그런데 마침 한 젊은 장교가 근위병들에게 마케도니아인들이 알렉산더를 살해할 음모를 꾸미고 있다고 알리러 왔다. 파르메니오의 아들 필로타스가 그 장교를 맞았으나, 그는 이틀이 지나도 이 사실을 알렉산더에게 전하지 않았다. 앞으로 어떤 일이 벌어질지 몹시 걱정된 장교는 시종*에게 얘기해서 왕을 직접 만났다. 그는 음모를 꾸민 자들이 누군지 알렸고, 필로타스 얘기를 전하지 않은 것에 대해서도 말했다. 갑자기 누구보다도 필로타스가 가장 의심스러웠다. 알렉산더를 죽이기에는 그가 가장 유리한 위치에 있었다. 게다가 벌써 여러 번 알렉산더의 생각에 반대

시종
왕의 시중을 들면서 군의 업무를 배우는 마케도니아 출신(후에는 페르시아 출신이나 메디아 출신)의 젊은 귀족.

하지 않았던가! 필로타스는 강하게 부인*했지만, 그는 곧 다른 공모자들과 함께 체포되었다.

부인
사실이라고 인정하지 않다.

알렉산더는 모든 마케도니아 병사들을 불러 모아 놓고 직접 필로타스의 발칙한 음모에 대해서 공개적으로 재판을 열었다.

"병사들이여, 여전히 전투 중이고 영광을 차지할 준비가 되어 있는 용감한 너희들과 내가 함께 있는 것은 모두 신들 덕분이다. 그런데 너희들에게서 나의 존재를 앗아 가려는 음모가 있었노라. 더군다나 내가 전적으로 믿고 의지하며, 가장 많은 보상을 해 준 전우들 중에 한 명이 음모를 꾸몄다는 것이 더더욱 괘씸하도다!"

알렉산더는 자기 말에 귀 기울이고 있는 충직한 병사들에게 동정심과 울분을 함께 불러일으키면서 계속 소리 높여 말했다. 분노가 끓어오른 병사들은 그 자리에서 필로타스를 돌로 때려 죽이려 했다. 그러나 왕은 그에게 더 끔찍한 형벌을 내릴 생각이었다.

필로타스는 증오에 찬 눈빛으로 자신을 노려보는 사람들의 시선을 똑바로 쳐다보지 못했다.

크라테로스와 헤파이스티온의 지휘 아래 필로타스에 대한 본격적인 고문이 시작되었다. 그는 끝까지 죄를 부인했

으나 혹독한 고문을 이기지 못하고 마침내 진실을 털어놓았다. 그는 공모자들의 이름을 밝히고, 자신도 음모에 가담했음을 인정했다. 그는 다른 죄인들과 함께 마케도니아 군의 창에 찔려 죽었다.

파르메니오도 음모에 관련이 있을까? 그렇지 않다 하더라도 알렉산더는 그의 아들을 죽인 후 그를 살려 둘 수는 없었다. 그가 반란을 일으킬 수도 있고, 군사들이 이 나이 많은 장군을 좋아했기 때문이다. 게다가 그는 많은 병력을 이끌고 아직도 메디아에 있었고, 의심쩍게도 왕과의 합류가 늦어지고 있었다. 알렉산더는 망설이지 않았다. 그는 필로타스의 처형 소식이 파르메니오에게 알려지기 전에 엑바타나로 전갈을 보냈다. 파르메니오의 부관들에게 그를 죽이라는 명령을 내린 것이다. 그들은 왕의 명령에 따랐다.

결국 이 사건은 강력한 왕에게 반대하고 나서는 **반체제 주의자***들을 제거해 주었다. 알렉산더의 새로운 '페르시아' 방식에 불만을 갖는 사람들, 조국에서 점점 더 멀리 떨어진 곳에서 전투를 계속하고 싶지 않은 사람들이 여기에 속했다.

파르메니오와 필로타스는 고위 장교였다. 일반 병사인

반체제 주의자
어떤 것의 합당성을 의심하는 사람들.

다른 마케도니아 인들도 그들과 생각이 같았다. 알렉산더는 그들에게 엑바타나로 보냈던 전갈을 읽어 주었다. 그들을 '불복종한 부대'라고 하여 따로 떼어 놓았다. 그렇게 함으로써 그들이 자기들의 생각을 밝히는 것을 막지는 못하더라도, 그들의 생각이 밖으로 퍼져 나가지는 않을 것이다. 이 소탕 작전을 완벽히 하기 위해 알렉산더는 각 부대의 대장으로 가장 믿을 만한 동료인 헤페이스티온, 클레이토스, 크라테로스, 프톨레마이오스를 임명했다.

이제 그는 동쪽의 사트라피인 박트리아, 소그디아나와 맞서 싸울 준비가 되었다.

낯선 풍경과 혹독한 추위 등 알렉산더와 그의 군대는 새로운 세계의 다양한 환경을 접하게 된다. 병사들은 탐험가가 되어야 했다. 행군, 절벽 등반, 등산, 도로와 다리 건설 같은 것들을 모두 해냈다.

1. 터키의 카파도키아 지방
2. 이집트의 나일강
3. 아프가니스탄의 헤라트 지방

소아시아
알렉산더의 병사들은 소아시아(터키)에서 전혀 낯설어하지 않았다. 내륙에 있는 고르디움을 지나면서 대륙성 기후가 더욱 강했지만 카파도키아 산악 지대도 전혀 어려울 것이 없었다.

이집트
이집트에서는 사막을 만났지만, 다행히도 나일 강가와 오아시스의 무성한 초목 덕분에 더위를 견딜 만했다.

이란 고원
제국의 중앙을 지나는 일은 결코 쉽지 않았다(페르시아 본토나 히르카니아의 산들).

사막을 지나는 동안 물도 부족하고 피로가 몰려왔으나 알렉산더는 끄떡없었다.

혹독한 기후
내륙은 대륙성 기후로, 여름과 겨울(스텝에서는 40도에서 영하 10도까지)뿐 아니라 밤낮(25~35도 차)의 기온차가 크다. 산에서도 기온차가 그만큼 나지만, 온도는 훨씬 더 낮다.

4. 우즈베키스탄에 있는 사막   5. 파키스탄의 산들   6. 중앙아시아의 파미르 고원

아프가니스탄
아리아와 박트리아에서 병사들은 현기증이 날 정도의 가파른 암벽들이 양쪽으로 솟은 협로가 있는 인도 코카서스 산맥에 도착했다.

우즈베키스탄
병사들은 소그디아나에서 불타는 여름 햇빛 아래 드넓고 척박한 스텝을 지났다.

파키스탄과 파미르 고원
안개에 가려진 인도 산들의 눈 덮인 정상(파키스탄의 히말라야 지맥)은 넘기가 무척이나 힘들었다. 파미르 고원 아래서 군대는 스텝 지대를 만나게 된다.

적대적인 지방들을 지나

지금부터 알렉산더는 적대적인 지방으로 들어가야 하기 때문에 그 어느 때보다도 조심해야 했다. 그는 드랑기아나에 아시아의 첫 번째 알렉산드리아를 건설했다. 그는 그곳을 요새들로 에워싸고 나서 주둔 부대, 고참병*, 그리스와 마케도니아 출신의 비전투원들, 지원한 이방인들을 배치했다.

메디아에 주둔해 있던 부대들이 합류하자마자, 알렉산더는 한겨울에 병사들을 인도 코카서스 산맥*으로 보냈다. 군대는 나무 한 그루 없고 황량한 눈과 얼음으로 뒤덮인 광야를 지났다. 새 한 마리, 들짐승 한 마리조차 볼 수 없었다. 밤에는 추위가 더욱 혹독해졌다. 식량은 부족했고, 병사들은 심하게 고통 받았다. 어떤 병사들은 발에 동상이 걸렸고, 또 어떤 병사들은 얼음이나 눈에 반사된 햇

고참병
오래 근무한 군인들.

인도 코카서스 산맥
그리스 인들이 힌두쿠시 산맥(아프가니스탄)에 붙인 이름.

빛 때문에 눈이 안 보였으며, 너무 지쳐서 도중에 포기한 병사들도 있었다.

한편, 토착민들은 외국인을 본 적이 거의 없었기 때문에 잔뜩 겁을 먹고 자진해서 식량을 내주었다. 또한 안개 속에 숨겨진 마을들을 찾아내야 했는데, 굴뚝 연기만 보면 마을이 있는지 없는지 알 수 있었다.

그러나 지칠 줄 모르는 알렉산더는 계속해서 길을 재촉했다. 그는 자신의 임무, 즉 다리우스의 복수를 하는 것을 잊지 않고 있었다.

봄이 되자, 그는 얼마 동안 휴식을 취한 후 코카서스 산맥을 16일 만에 넘었다.

살인자 베소스는 알렉산더와 맞서 싸우고 싶지 않았다. 결국 그는 또 도망쳤고, 알렉산더의 진군을 늦추기 위해 지나는 길에 있는 모든 것을 불태워 버렸다. 그러나 그것은 헛수고였다. 알렉산더가 그를 바짝 추격해 갔다. 베소스는 군대의 일부를 그냥 버려둔 채 마지막 동맹군들과 함께 옥수스 강을 건넜고, 알렉산더가 뒤따라오지 못하도록 다리와 배들을 모두 파괴시켰다. 실제로 이 강은 수심이 깊고 물결이 높아 걸어서 강을 건널 수 있는 얕은 곳이 없었다. 강에 단단하게 말뚝을 박는 것도 불가능했다. 그러나 알렉산더는 언제나처럼 기발한 생각을 해냈다. 병사들이 천막을 치는 데 사용하는 가죽을 마른 짚으로 꽉 채운 다음, 물이 스며들지 않도록 단단하게 꿰매게 한 것이다. 모든 군대는 이 요상한 뗏목을 타고 닷새 만에 옥수스 강을 건넜다.

이제 동맹군들은 베소스가 거추장스러워지자 그를 알렉산더에게 넘겼다. 엑바타나에서 다리우스의 부모가 그를 재판해서 처형시켰다. 그는 귀와 코가 잘린 채 너무나도 처참하게 죽임을 당했다. 그야말로 배신자의 끔찍한 최후였다.

알렉산더는 소그디아나를 정복한 후, 스키티아 인들이 가축을 방목하는 척박한 스텝*에 도착했다. 스키티아 인들은 말을 아주 잘 탔고, 약탈을 하며 살아가고 있었다. 끝없이 이동을 하고, 딱히 방어할 도시도 없어 쉽게 붙잡을 수 없는 적을 어떻게 꺾고 이길 것인가? 이번 일은 알렉산더에게도 힘겨운 전투였다. 그는 결국 포기해 버리고, 다시 반란을 일으킨 소그디아나 인들과 박트리아 인들과 싸우기 위해 되돌아갔다.

이것은 기나긴 전쟁의 시작이었다. 알렉산더는 2년 동안 이곳저곳 사방에서 터지는 반란을 진압해야 했다. 한쪽 반

스텝
러시아와 아시아의 중위도에 위치한 온대 초원 지대. 건조한 계절에는 불모지, 강우 계절에는 푸른 들로 변한다.

란을 진압하자마자 또 다른 반란 소식이 들려왔다. 게다가 저항은 더욱 심해졌다. 아주 작은 마을도 요새화되어 있어서 성벽을 무너뜨리기 위해 엄청난 병기*를 써야 했다.

병기
전쟁에 쓰는 기구를 통틀어 이르는 말.

높은 산 위에 있는 마을들은 마치 독수리 둥지 같아서 더욱더 저항이 심했다. 박트리아 인과 소그디아나 인의 몇몇 귀족 가문이 피신해 있는 록 드 소그디아나도 높은 산에 자리 잡고 있었다. 알렉산더가 그들에게 순순히 항복하지 않으면 보복하겠다고 하자, 그들은 웃음을 터뜨리며 알렉산더의 병사들에게는 날개가 있느냐며 비아냥거렸다. 이에 알렉산더는 화가 머리끝까지 치밀어 올랐다. 알렉산더는 최고의 병사들을 불러 산을 기어 올라가라고 명령했다. 모두에게 큰 상을 줄 것이며, 가장 먼저 도착하는 병사에

게는 12탤런트를 주겠다고 약속했다.

300명의 병사가 용감하게 앞으로 나섰고, 그들은 밧줄과 땅속이나 얼음에 박을 금속 막대*를 챙겼다. 등반은 컴컴한 밤에 이뤄졌다. 등반을 하다 30명이 넘게 목숨을 잃었고, 그중에는 시신을 찾지 못한 병사도 있었다. 그러나 나머지 병사들은 등반에 성공하여 새벽 무렵 약속된 신호를 보내왔다. 밤새 뜬눈으로 걱정하고 있던 알렉산더는 기뻐서 어쩔 줄 몰랐다. 그는 소그디아나 인들에게 날개 달린 병사들을 찾았다는 전갈을 보냈다. 적들은 자신들보다 위쪽에서 비웃으며 내려다보고 있는 병사들을 보고 마케도니아 군이 더 우세하다는 것을 인정했다. 그리고 곧바로 항복해 왔다.

금속 막대
천막을 땅에 고정시키는 데 쓰는 것.

그런데 포로 중에는 귀족 옥시아르테스의 아름다운 딸 록사나가 있었다. 알렉산더는 그녀를 보는 순간, 첫눈에 반해 사랑에 빠지고 말았다. 그의 측근들은 수근거렸다.

"알렉산더가 사랑에 빠지다니! 믿기지 않아."

"여자에게 아예 관심 없는 줄 알았지. 그렇게 아름다웠던 다리우스의 아내도 손끝 하나 건드리지 않았잖아!"

"다리우스의 첩들도 가까이 한 적이 없는 것 같던데!"

"알렉산더가 그녀와 결혼할 거라고 헤파이스티온에게 말했다는군."

"그런데 그녀가 아들을 낳으면 어떻게 하나? 그 아들이 왕이 될 것이 아닌가! 포로의 아들이 마케도니아 인들의 왕이 되다니, 있을 수 없는 일이야."

"마케도니아 인들의 왕이라고? 알렉산더가 아직도 마케도니아 인으로 행동하는 것 같은가? 그는 자신을 아시아의 왕이라고 생각한다네!"

소문은 금세 퍼졌고, 사람들의 불만은 커져만 갔다. 그러다 심각한 사건이 벌어졌다.

마라칸다에서 술잔치를 벌이던 중 알렉산더는 자신의 공적을 노래하는 데 만족하지 않고, 필리포스의 업적과 가치를 헐뜯고 깎아내리기 시작했다. 필리포스의 전우이자 알렉산더의 유모의 동생인 클레이토스는 더 이상 참을 수가 없었다.

"정말 당신 아버지가 당신보다 못하다고 생각하십니까? 게다가 당신 아버지가 당신에게 길을 열어 주지 않았습니까? 마케도니아 인들, 특히 우리처럼 나이 많은 충성스런 부하들이 없었다면 당신이 어떻게 그 모든 승리를 거둘 수 있었겠습니까?"

알렉산더의 얼굴이 울긋불긋해지자 옆에 있던 사람들이 그만 하라며 클레이소스에게 신호를 보냈다. 하지만 그는 계속해서 말을 이었고, 급기야 파르메니오를 옹호하기에까지 이르렀다. 술과 분노에 취한 왕이 칼을 빼 들려 했으나, 다행히도 전우 한 명이 그의 칼을 숨겼다. 그러나 클레이소스는 물러가지 않고 계속 알렉산더의 신경을 건드렸다. 결국 알렉산더는 자신의 사리사*를 잡아 친구의 몸을 찔렀고, 친구는 쓰러져 죽어 갔다. 한동안 침묵이 흘렀다. 정신을 차린 알렉산더는 창을 뽑아 자신을 찌르려 했으나 모두가 말렸다. 그 후 3일 동안, 그는 자신의 천막에 들어가 마시지도 먹지도 않은 채 옛날에 자기 목숨을 구해 준 충직한 친구의 죽음을 슬퍼했다.

그러나 특히 왕의 새로운 페르시아식 관습을 싫어하는

사리사
마케도니아 인들이 쓰는 아주 긴 창(길이가 5.5미터임).

사람들에게서 불만이 커지고 있었다. 그래도 알렉산더는 아시아 인들이 필요했다. 그의 새로운 목적지는 인도였기 때문이다. 인도로 가기 위해서는 새 병사들, 새 대장들, 새 사트라프들이 필요했다. 더욱이 마케도니아 인들은 많지 않았다. 따라서 그는 페르시아 인, 소그디아나 인 등과 손을 잡고 승자뿐만 아니라 패자들의 왕이 되려고 했다. 하지만 한쪽의 관습이 다른 쪽의 관습과 너무나 다르면 어떻게 해야 하는가?

알렉산더의 대변인들 중 한 사람이 마케도니아 인들에게 페르시아식 절*을 받아들이라고 강요하자, 칼리스테네스*는 대변인에게 자신들의 입장에서 한번 생각해 보라고 단호하게 말했다.

"뭐라고 하셨소? 그리스 인들이 한 인간 앞에서 노예처럼 절하기를 바라오? 자유인은 신들 앞에서만 절한다는 것을 모른단 말이오? 그리고 알렉산더의 공적이 그를 헤라클레스와 비길 만하게 만들었다 하더라도, 그 영웅은 죽은 후에야 신격화되지 않았소?"

몰래 숨어 이야기를 듣고 있던 알렉산더는 입술을 깨물었다. 그는 절에 대한 생각은 접었으나, 화가 나 칼리스테네스에게 복수할 기회가 오기만을 기다렸다.

절
존경의 표시로 어떤 사람 앞에서 몸을 아주 낮게 숙이는 행위.

칼리스테네스
그리스 철학자이자 아리스토텔레스의 조카로, 알렉산더의 이야기를 기록하는 임무를 맡았다.

칼리스테네스는 왕에 대한 새로운 음모에 가담했다. 이번에는 시종들이 왕을 죽이려 했던 것이다. 알렉산더가 거칠게 다룬 시종 헤르몰라오스의 복수를 하기 위해서였다. 그런데 음모가 들통 나는 바람에 붙잡힌 헤르몰라오스는 자기 죄에 대해 발뺌하기는커녕 오히려 자랑스럽게 여겼다. 알렉산더를 죽임으로써 독재자를 없애려 했다는 것이다. 그곳에 있던 사람들은 충격을 받아 그의 말을 막으려 했으나, 알렉산더는 그가 말하도록 내버려 뒀다.

그리고 뒤이어 알렉산더가 말했다.

"칼리스테네스의 가르침의 결과를 여기서 볼 수 있지 않느냐? 마케도니아에 대한 증오로 그는 젊은 영혼들을 나와 맞서도록 부추기고 있으니, 결국 나를 죽이게 하고 말 것이다!"

시종들은 재판을 받은 뒤 돌에 맞아 죽었다. 그러나 마케도니아 인이 아닌 칼리스테네스는 철창에 갇혀 감옥에서 죽었다.

이렇게 장애물이 눈앞에서 사라졌다. 알렉산더는 마케도니아 관습에 따라 아름다운 록사나와 결혼했다. 그는 자기 칼로 빵을 잘라 록사나와 한 조각씩 나눠 먹었다. 그는 모든 사람의 왕이 되었다. 아내를 선택함으로써 페르시아 인들의 왕이 되었고, 관습을 지킴으로써 마케도니아 인들의 왕이 된 것이다.

그러나 그것이 전부가 아니었다. 알렉산더는 3만 명의 젊은 페르시아 인들을 모아 군사 훈련을 받게 했다. 볼모*이자 신병*들인 이 젊은이들은 필요할 때 교대하기 위한 사람들이었다.

그동안 알렉산더는 조용히 인도에 대해서 생각했다. 제국의 동쪽은 충성스런 사트라프들과 12개의 알렉산드리아의 지배 아래 평화를 유지하고 있었다.

볼모
나라 시이에 약속을 지키기 위해 담보로 잡아 두는 사람. 인질.

신병
새로 들어온 군인.

술과 취기의 신 디오니소스 또는 바쿠스는 제우스와 테베 공주 세멜레의 아들이다. 그는 마케도니아에서 숭배받는 중요한 신이었다. 알렉산더의 어머니 올림피아스와 알렉산더 자신은 그의 신봉자였다.

◀ 송악은 초목의 신 디오니소스의 상징이다.

▶ 사티로스와 무녀에게 둘러싸인 디오니소스

▲ 디오니소스

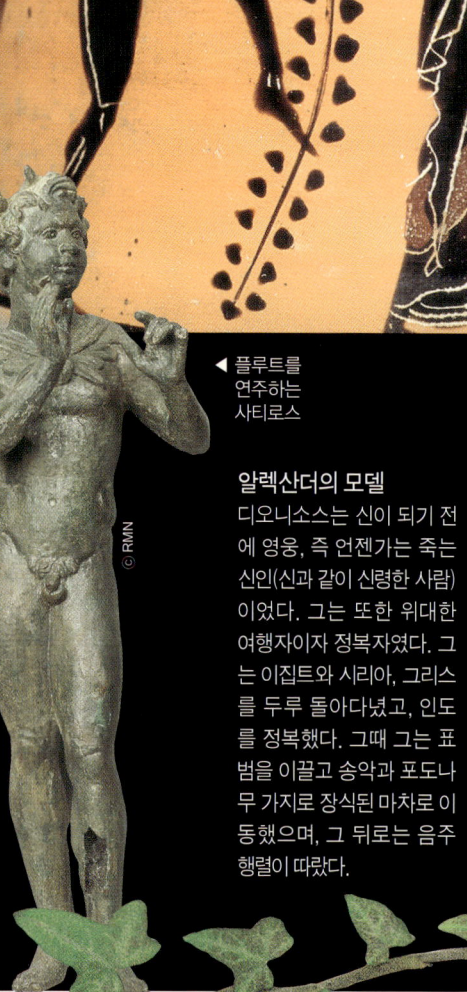

◀ 플루트를 연주하는 사티로스

알렉산더의 모델

디오니소스는 신이 되기 전에 영웅, 즉 언젠가는 죽는 신인(신과 같이 신령한 사람)이었다. 그는 또한 위대한 여행자이자 정복자였다. 그는 이집트와 시리아, 그리스를 두루 돌아다녔고, 인도를 정복했다. 그때 그는 표범을 이끌고 송악과 포도나무 가지로 장식된 마차로 이동했으며, 그 뒤로는 음주 행렬이 따랐다.

디오니소스의 탄생

세멜레는 제우스에게 가장 눈부신 모습을 보여 달라고 했다. 제우스가 그 제안을 받아들였고, 세멜레는 제우스가 나타날 때 내리친 벼락과 번개에 맞아 죽었다. 제우스는 그녀가 임신하고 있던 아기를 그녀의 가슴에서 꺼내 자기 허벅지에 넣고 꿰매어 마저 자라게 했다. 몇 달 후, '두 번 태어난' 신 디오니소스가 세상에 나왔다.

자유인은 신들 앞에서만 절한다는 것을 모른단 말이오?

주신제(바쿠스제)
주신제는 원래 디오니소스를 숭배하는 의식이다. 주신제는 '황홀경(착란 상태)에 빠진' 바쿠스 신의 무녀들에 의해 끝이 난다. 비공식적인 연회와는 구분해야 한다.

▼ 비공식적인 연회 또는 심포지엄

▶ 탬버린을 연주하는 바쿠스 신의 무녀

비공식적인 연회
비공식적인 연회 또는 심포지엄은 저녁 식사 후 술을 마시고 토론하기 위해 남자들이 모이는 향연이다. 이 연회에 참석할 수 있는 유일한 여자들은 악기 연주자, 무희와 고급 창녀뿐이었다. 술의 신 디오니소스는 때때로 온갖 무절제한 일이 벌어지는 이 술잔치에 절대 빠지지 않았다.

행렬
디오니소스를 뒤따르는 흥겨운 행렬에는 사티로스와 바쿠스 신의 무녀들이 끼여 있었다. 사티로스는 격이 낮은 신으로, 쉽게 사랑에 빠지고, 말꼬리가 달려 있으며, 때로는 턱수염과 발굽, 염소 뿔이 있다. 디오니소스에게 정신을 빼앗긴 무녀들은 탬버린과 플루트를 연주하면서 그의 뒤를 따랐다.

알려진 세상의 끝, 인도

봄이 왔고, 군대는 겨울잠에서 깨어났다. 왕의 천막 아래서는 장군들이 모여 알렉산더의 설명을 듣고 있었다. 헤파이스티온은 알렉산더의 얼굴을 주의깊게 쳐다봤다. 눈은 반짝반짝 빛났고, 생긴 지 얼마 안 된 이마의 두 주름은 그에게 강한 인상을 심어 주었다.

헤파이스티온은 쓸쓸한 표정을 지으며 자신도 역시 많이 변했을 거라 생각했다. 어쨌든 8년이 흘렀다. 가족과 고향을 떠나온 지 벌써 8년이 되다니! 말을 타고 무기를 든 채 아시아를 돌아다닌 지 8년이 된 것이다. 알렉산더는 정복한 땅에 자신의 창을 꽂으면서 한 약속을 지켰다. 아시아는 그의 것이 되었고, 그의 고통과 승리를 함께한 우리들의 것이 된 것이다. 이제 인도만 정복하고 나면 우리는 **헤라클레스와 디오니소스*** 만큼 위대해질 것이다.

헤라클레스와 디오니소스
제우스의 아들인 두 영웅은 아시아로의 여행을 포함해 힘든 시험을 치른 후 신이 되었다.

대상
낙타에 상품을 싣고 다니기 힘든 지방을 지나기 위해 모인 여행자 무리.

공화제
권력이 시민에게 있는 정부 형태.

노포
여러 개의 화살을 한꺼번에 쏘는 활의 한 가지.

밧줄 다리
성벽으로 가기 위해 탑 꼭대기에서 던지는 다리.

알렉산더가 한창 몽상에 빠져 있던 그를 깨웠다.
"헤파이스티온과 페르디카스 동의하는가? 대상*들이 다니는 길로 가면 당신들 군대가 우리보다 훨씬 더 빨리 갈 것이다. 그러면 그사이 당신들은 인더스 강을 건널 수 있는 다리와 배를 준비하도록 하라. 우리의 새로운 인도 동맹 탁실레스가 당신들을 안내할 것이다."
알렉산더는 프톨레마이오스와 코이노스를 보며 계속 말했다.
"우리는 북쪽으로 갈 거다! 탁실레스에 의하면 그쪽에서 저항이 아주 심할 거라는군."
그의 예상은 거의 맞아떨어졌다. 히말라야 산자락 아래, 요새화된 독수리 둥지에 자리 잡은 주민들은 매우 독립적이어서 그 누구의 지배도 받길 거부했다. 마케도니아 군은 아시아에서는 처음으로 공화제*를 만난 것이다.
알렉산더는 병기 제작자들의 모든 능력을 사용했다. 적당한 높이로 화살을 쏘아 보낼 수 있는 나무탑, 높은 성벽을 부술 수 있는 노포*, 그렇게 하여 만들어진 틈새를 이용할 수 있는 밧줄 다리* 등. 알렉산더는 장애물이 나타날 때마다 뛰어난 지략을 펼쳤다. 당황한 인도인들은 이 요새에서 저 요새로 도망다니기에 바빴다. 반란자의 수는 금방

줄어들었다. 왜냐하면 알렉산더는 무자비했으며, 마지막 한 사람까지 모조리 죽이게 했기 때문이다. 그 대신 자신의 지배를 순순히 받아들이는 사람들은 권좌*에 남겨 두었기 때문에 인도인들은 점차 항복해 왔다.

그들은 숲으로 둘러싸인 넓고 깊은 인더스 강에 도착했다. 헤파이스티온은 나룻배와 삼단노선을 만들었고, 배를 연결해 다리를 놓았다. 강을 건넌 후에는 함대를 분해하여 전차로 끌고 갔다. 그 지방의 왕이 탁실레스였으므로 알렉산더는 아무 걱정 없이 다음 강인 히다스페스까지 진군했다.

그러나 맞은편에는 포로스 왕의 땅이 펼쳐져 있었다. 이 강력한 적군은 보병 5만 명, 기병 3천 명, 전차 1천 대, 그리고 코끼리 200마리를 가지고 있었다. 마케도니아 인들은 전에 그 거대한 존재들을 본 적은 있지만, 전쟁터에서 직접 만난 적은 없었다. 그런데 적군의 군대가 히다스페스 맞은편 강변에서 알렉산더를 기다리고 있었다. 이 강은 인더스 강만큼 넓고 깊었지만, 눈이 녹은 물과 억수같이 퍼붓는 비* 때문에 강물이 엄청 불어나 있었다. 알렉산더는 너무 오래 지체할 수 없었다. 포로스가 동맹군을 기다리고 있었기 때문이다.

> 권좌
> 권력, 특히 통치권을 가지고 있는 자리.
>
> 억수같이 퍼붓는 비
> 마케도니아 인들은 처음 보는, 열대 계절풍으로 내리는 장대비.

알려진 세상의 끝, 인도 ■ 95

인도 왕이 알아채지 못하는 사이, 그리고 코끼리 부대와 멀리 떨어진 곳으로 어떻게 강을 건널 수 있을까? 알렉산더는 기발한 방법을 생각해 냈다. 그는 몇 일 동안 내내 나팔을 불게 하고, 부대들을 분주하게 움직이도록 했다. 마치 군대의 몇몇 부대를 강의 여러 지점에서 건너게 하려는 것처럼 말이다. 포로스는 매번 마케도니아 군의 맞은편으로 자신의 부대들을 이동시켜 강을 건너지 못하게 하려고 했다. 그러나 그는 결국 지쳐 이제 멀리서 알렉산더를 지켜보고만 있었다. 알렉산더는 히다스페스 강변에서 강을 건너기 가장 좋은 장소를 발견했다. 강이 굽이쳐 흐르는 곳 가장자리에 덤불*이 늘어져 있어서 배와 말들을 숨기기에 안성맞춤*이었다.

덤불
어수선하게 엉클어진 수풀.

안성맞춤
조건이나 상황이 어떤 경우나 절차에 어울림.

　마침내 폭풍우가 내리치는 밤에 적당한 때가 다가왔다. 비는 더 심하게 내렸고, 천둥이 우르릉거렸으며, 검은 하늘에는 벼락이 번득였다. 적군은 우리 쪽 부대의 움직임을 파악하거나, 나무들 사이에 숨겨 놓은 배에 보병들이 타는 소리를 전혀 들을 수 없었다. 새벽이 되어 알렉산더가 신호를 보내자, 군대의 절반이 강을 건너기 시작했다. 기병대가 안전하게 강변에 오른 후에야 포로스가 상황을 알아차렸다. 포로스는 자리를 뜨려하지 않았다. 벌써 나머지 군대가 크라테로스와 함께 강을 건너기 시작했기 때문이다. 그래서 그는 아들을 전차들과 함께 내보냈다. 그러나 땅에 물이 차서 전차들은 진창* 속에 빠졌고, 전차를 모는 병사들은 순식간에 마케도니아 군에게 당하고 말았다.

그러자 알렉산더가 포로스와 맞서 싸우려고 전진했다. 포로스는 맨 앞쪽 열에 조금 거리를 두고 코끼리들을 배치시켰다. 그리고 뒤로는 군데군데 보병대를 배치시켰다. 마치 도시 하나가 탑들과 함께 움직이는 것 같았다. 알렉산더는 옆쪽에서 기병대를 공격하기로 했다. 물러서던 인도군은 금방 코끼리들 때문에 갇히게 되었다. 보병 밀집 부대가 코끼리들을 에워쌌고, 코끼리 조련사*들에게 창을 겨누었다. 그러나 곧 끔찍한 일이 벌어졌다. 마케도니아 병사들은 무참히 짓밟혀 죽거나, 거대한 괴물의 코에 붙잡혀 하늘로 들어 올려졌다가 땅바닥으로 내동댕이쳐지면서 뼈가 부스러졌다. 또한 코끼리의 어금니에 찔려 죽은 병사들도 있었다. 그렇지만 마케도니아 군은 절대 포기하지 않고 안간힘을 다해 코끼리 조련사들을 죽였다. 그러자 안내인을 잃은 코끼리들은 자기편 야영지를 아수라장으로 만들었고, 인도 병사들을 마구 짓밟았다.

포로스는 아직 상처를 입지 않은 코끼리 몇 마리를 모아

진창
땅이 질어서 질퍽질퍽하게 된 곳.

코끼리 조련사
코끼리 머리 위에 앉아 코끼리를 모는 사람.

적군을 향해 돌진했다. 키가 2미터도 넘는 그는 다른 코끼리들보다 몸집이 더 큰 코끼리 위에 올라타고 마케도니아 인들을 공포에 떨게 만들었다. 그러나 알렉산더는 계속 지켜보면서 사수들에게 그에게 화살을 퍼붓도록 지시했다. 장대비처럼 사방에서 날아오는 화살에 맞은 포로스는 얼굴이 창백해졌고, 코끼리 조련사는 그가 죽은 것으로 생각하고 그를 땅에 내려놓으려고 코끼리를 무릎 꿇게 했다. 그러나 마케도니아 군이 그를 붙잡으려 하자, 코끼리는 몸으로 막아서며 그를 보호했다. 코끼리는 아무도 가까이 다가오지 못하도록 하면서 포로스의 생기 잃은 몸을 등 위로

끌어 올렸다. 그는 온몸이 화살투성이가 되어 결국 쓰러지고 말았다.

하지만 포로스는 죽지 않았다. 그의 용맹함에 감탄한 알렉산더는 그를 왕으로 대우했고, 상처를 치료해 주도록 했다. 그가 완쾌되는 동안, 알렉산더는 히다스페스의 양쪽 강변에 두 개의 새로운 알렉산드리아를 건설하였다. 그중 하나를 자신이 사랑하던 말을 기리며 부케팔라라고 이름 붙였다. 아주 어렸을 때 알렉산더만이 길들일 수 있었던 야생마였는데, 숨을 거둔 지 얼마 되지 않았다.

그리고 나서 성대한 희생 의식을 올린 후, 새로운 동맹 포로스의 충고에 따라 알렉산더는 동쪽으로 향했다. 아직도 강을 세 개나 건너야 하고, 낯선 지방을 헤쳐 나가야 하고, 여러 종족들을 정복해야 했다.

마케도니아 군은 때론 매우 놀라워하기도 하고, 어느 때는 공포에 떨기도 했다. 그들은 처음 보는 동물들이 많았다. 원숭이와 앵무새뿐만 아니라 거대한 뱀*, 호랑이를 닮은 개*도 보았다. 진군하면서 새로운 길을 내야 하는 아주 원시적인 지방도 지났다. 계속해서 피비린내 나는 전쟁터의 비참한 모습이 이어졌다.

그러나 알렉산더가 앞으로 나아갈수록 사람이 살고 있는 세상의 끝*은 점점 더 뒤로 물러났다. 인더스 강의 마지막 지류*인 히파시스 강을 건너기 전, 그 지방의 영주가 그에게 알려 주었다.

"당신의 노고는 아직 끝나지 않았소. 강 건너편에는 아주 강력한 왕이 다스리는 거대한 왕국이 또 있소이다. 그와 맞서 싸우려면 사막을 12일간 걸어가야 할 거요."

의심이 많은 알렉산더는 앞으로 이루어야 할 위대한 업적에 대한 생각으로 금방 몸이 달아올랐다. 그러나 군대는 어떻게 할 것인가! 그의 마음과 달리 군대는 오랜 전쟁에 지쳐 열정이 모자랐다. 왕은 마케도니아 군을 모두 한자리

거대한 뱀
피톤.

호랑이를 닮은 개
티베트의 집 지키는 개. 그리스 인들에 따르면 개와 호랑이를 교배시켜 만들었다고 한다.

세상의 끝
마케도니아 인들은 인도에 대해서는 인더스 강 계곡밖에 아는 것이 없었다.

지류
더 큰 강으로 흘러드는 강.

에 모아 놓고 여느 때처럼 열광시키면 될 거라 믿었다. 그러나 이번에는 헛수고였다. 그의 열정적인 연설에도 불구하고 무거운 침묵만이 흘렀다. 아무도 끼어들려 하지 않았고, 모두 눈길을 돌렸다. 당황한 그에게 모두를 대신해서 말을 꺼낸 것은 코이노스였다.

"알렉산더님, 우리를 보십시오! 당신의 마케도니아 군은 어디 있습니까? 당신과 함께 헬레스폰토스*를 건넜던 대부분의 마케도니아 군은 더 이상 여기 없습니다. 부상을 입어 죽은 병사들도 있고, 굶어 죽거나 추위에 얼어 죽은 병사들도 있습니다. 또 다른 병사들은 주둔 부대나 개척자로 남겨지기도 했습니다. 그들의 의사와는 아무 상관 없이 말입니다. 우리가 어때 보이십니까? 우리는 이방인의 옷을 입고 있고, 이제 그리스 인들도 없기 때문에 우리의 무기는 무뎌졌고, 말의 편자*는 다 닳았습니다. 우리는 머릿속에 오로지 한 가지 생각밖에 없습니다. 하루빨리 집으로 돌아가 가족과 조국을 다시 보는 것입니다! 알렉산더님 역시 마케도니아에서 사람들이 기다리고 있습니다. 우리와 함께 그만 돌아갑시다. 다시 돌아가기에 지금도 늦지 않았습니다."

모두 환호를 보내며 그의 말에 동의했다. 화가 머리끝까

헬레스폰토스
유럽과 아시아를 가르는 바다.

편자
말굽에 대어 붙이는 'U'자 모양의 쇳조각.

지난 알렉산더는 자리를 박차고 일어나 자기 천막으로 들어가 버렸다. 그곳에서 꼼짝 않고 3일을 보내며 병사들이 복종하기를 기다렸으나 아무 소용이 없었다.

　결국, 그는 군대 앞에서 히다스페스 강을 향해 되돌아가도록 명령을 내렸다. 그러나 지나는 길에 자신의 흔적을 남기지 않고는 떠날 수 없었다. 우선 그는 올림포스의 12신*을 기리고 자신의 공업*을 기념하기 위해 높이가 20미터가 넘는 12개의 제단을 세우게 했다. 그런 다음, 거인들도 들어갈 수 있을 만큼 큰 병영을 짓도록 했다. 그렇게 함으로써 자신과 자신이 이끄는 군대의 강인한 인상을 남길 수 있을 거라고 확신했다.

올림포스의 12신
올림포스 산 정상에 사는 그리스의 주요 신들.

공업
알렉산더가 자신과 비교하는 헤라클레스의 공업에 자신의 공업(공로가 큰 업적)을 비유한 것.

그리스 인들에게 있어 인도는 사람들이 사는 세상 끝에 위치한 곳이었다. 그 너머로는 땅을 감싸고 있는 대양이라는 강 외에는 아무것도 없었다. 또한 그들에게 있어 인도의 끝은 인더스 강 계곡 (지금의 파키스탄)이었고, 드넓은 인도 아대륙에 대해서는 아는 것이 전혀 없었다.

동물상과 식물상

인도는 경이로운 나라였다. 마케도니아 인들에게는 모든 것이 새로웠다. 원숭이와 앵무새 같은 몇몇 동물들은 재미있었다. 그러나 호랑이, 뱀(코브라, 피톤)이나 전갈 같은 다른 동물들은 두려운 존재였다. 용수는 엄청난 면적의 땅을 뒤덮고 있었다. 왜냐하면 드리워진 가지들에서 새 뿌리가 나기 때문이다.

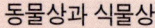
◀ 승려. 간다라 예술

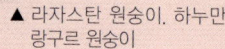
▲ 라자스탄 원숭이. 하누만 랑구르 원숭이

놀라운 종족들

마케도니아 인들은 낯선 사람들을 만났다. 몸에 칠을 하고, 키가 아주 크며, 피부색이 다소 검은 그들은 정말 뛰어난 전사들이었다.

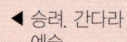
◀ 코브라

간다라 예술

비록 역사가 짧기는 했지만 마케도니아 인들의 존재는 인도의 불교에 그리스 양식 (몸의 유연성, 옷의 주름)을 결합시킴으로써 간다라(1세기와 4세기 사이의 파키스탄 북부) 예술에 오랜 흔적을 남겼다.

용수 숲

마케도니아 군은 때론 매우 놀라기도 하고, 어떤 때는 공포에 떨기도 했다.

▶ 코끼리 가죽을 뒤집어쓴 알렉산더

영웅 알렉산더
미래의 사람들에게 알렉산더를 헤라클레스에 견줄 만한 인물로 만든 것은 확실히 포로스와 그의 코끼리 부대를 무찌른 알렉산더의 업적 덕분이었다. 헤라클레스가 네메아의 사자 가죽을 뒤집어썼듯이, 알렉산더는 코끼리 가죽을 뒤집어썼다.

코끼리
그리스 인들은 코끼리 어금니인 상아에 대해 알고 있었다. 그들은 짐수레를 끌게 하거나 전쟁 때 타기 위해 어떻게 코끼리를 사냥해서 길들이는지 알게 되었다.

◀ 코끼리 발에 짓밟히는 전사

▶ 브라만

벌거벗은 현자
그리스 어로 짐노소피스트(나체 고행자)는 자신의 신체와 고통을 다스리고 지상의 재물에 욕심을 버리는 훈련을 하는 승려의 브라만(승족)을 가리킨다. 그들을 측근으로 삼으려는 알렉산더의 갖은 노력에도 불구하고, 그들은 알렉산더에게 별 관심을 보이지 않았다. 오히려 그들은 인도에서 마케도니아 군에 대한 저항의 중심에 서 있었다.

대양을 향해 내려가다

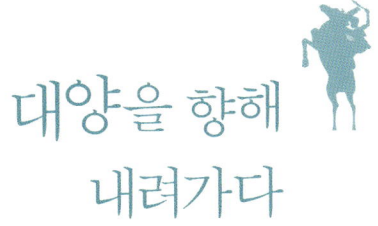

히다스페스 강으로 돌아온 알렉산더는 가을을 보내며 함대를 튼튼히 손봤다. 강을 따라 내려가 대양*으로 가기 위해서였다. 그리고 돌아오는 길은 서쪽의 바빌론으로 잡았다. 어떤 그리스 인도, 어떤 위대한 영웅들조차도 그보다 앞서 간 적이 없는 길이었다.

지원군이 도착했고, 몇 주 만에 배들이 완성되었다. 노 젓는 사람이 30명인 큰 배와 수송선을 합쳐 모두 천여 척이 넘었다. 그 지역의 정권을 포로스에게 맡긴 후, 알렉산더는 크라테로스와 헤파이스티온에게 부대와 코끼리들을 이끌고 강변을 따라가라고 명령했다. 그들은 새벽에 헤라클레스와 아몬 신에게 희생 제물을 바치고, 강의 신들에게 헌주*한 후 배에 올랐다. 인도인들은 그런 광경을 본 적이 없었다. 일정한 간격을 둔 배들이 강을 뒤덮었고, 강가에

대양
그리스 인들에 따르면 평평하고 둥근 육지를 둘러싸고 있는 바다.

헌주
신을 기리며 땅이나 제단 위에 액체(포도주, 물, 우유)를 붓는 종교적 행위.

정조수
노 젓는 사람들에게 박자를 맞추도록 명령을 내리는 사람.

합류점
강과 지류가 만나는 곳.

둥근 배
폭이 넓고 갑판이 삼단 이상인 수송선.

긴 배
폭이 좁고 갑판이 덜 높은 전함.

인도 승족
브라만. 그들 중에는 분신 자살을 권하는 승족들도 있었다.

는 물을 철썩이는 노 젓는 소리와 정조수*의 고함 소리가 울려 퍼졌다. 그 광경에 감탄한 토착민들은 탬버린 소리에 맞춰 노래하고 춤추며 오랫동안 행렬을 따라갔다.

첫 번째 합류점*까지 내려가는 것은 쉬웠다. 그러나 그곳은 물길이 좁고 물살이 거세졌으며, 물거품을 일으키며 굉장한 소리를 냈다. 배들은 소용돌이에 휘말렸다. 둥근 배*는 제자리에서 맴돌다가 강물을 따라 떠내려가 별 피해 없이 헤쳐 나왔다. 반면에 긴 배*는 노가 급류에 휘말려 부러졌고 큰 충격을 받았다. 두 척은 선원들과 함께 사라지기까지 했다. 다시 강이 넓어지자, 알렉산더는 조난자들을 구하고 부서진 배를 고치기 위해 상륙했다.

그들은 말리 인들이 사는 고장에 도착했다. 알렉산더는 언제나처럼 기습, 돌격, 포위 공략을 했다. 반항하는 자들을 사정없이 죽여 버렸다. 그러나 말리 인들은 항복하기보다는 스스로 요새를 불 지르고 그 안에서 죽음을 택했다. 이것은 아마도 저항을 강요한 인도 승족*들의 영향인 듯했다.

알렉산더가 죽을 뻔한 건 바로 그들의 수도를 공격하면서였다. 한창 돌격하던 그는 부하들이 성벽에 사다리를 걸치느라 안간힘을 쓰는 동안, 사다리 하나를 붙잡고 위로 올라갔다. 그 뒤로 멀찌감치 트로이에서 가져온 아테나의 성스러운 방패를 들고 있는 페우케스타스와 다른 두 장교가 따라 올라갔다. 왕보다 뒤늦은 것에 수치심을 느낀 많은 병사들이 서둘러 그의 뒤를 따랐으나, 너무 무질서하게 매달리는 바람에 사다리가 부러져 모두 아래로 떨어지고 말았다. 알렉산더는 달랑 방패 하나로 적들의 화살을 막으며 성벽에 혼자 남게 되었다. 그런데 그때, 위험을 무릅쓰고 그가 요새 안으로 뛰어내렸다. 그는 너무 놀라 아무 공격도 하지 않고 물끄러미 바라보고 있는 적군과 마주하게 되었다. 그러나 곧 화살과 창이 그에게 쏟아졌고, 그는 돌을 던지며 대항했다. 마침내 인도군이 그에게 가까이 다가왔다. 이때 나타난 페우케스타스가 그를 방패로 보호했고, 나머지 두 장교는 공격자들과 맞서 싸웠다. 한 장교는 바로 죽었고, 페우케스타스와 다른 장교는 부상을 입었으나 물러서지 않았다.

잠시 후, 마케도니아 군이 몰려왔다. 먼저 도착한 병사들이 알렉산더를 안전한 곳으로 데려갔고, 다른 병사들은 왕이 죽을 수도 있다는 생각에 화가 치밀어 닥치는 대로 적군들을 해치웠다. 살아남은 적군은 거의 없었다.

알렉산더는 몸에 박힌 화살을 빼내는 수술을 받았다. 그는 피를 많이 흘렸고, 여러 번 기절했다. 군대 전체가 불안에 떨었고, 부하들은 울면서 그의 천막 주변으로 모여들었다. 다행히도 그는 고비를 넘기고 서서히 회복했다.

　그러나 그가 죽었다는 소문이 온 제국에 퍼졌고, 마케도니아 군은 건널 수 없는 강 한가운데에서 길을 잃은 심정이었다. 이런 상황을 알게 된 알렉산더는 병사들이 자신을 잘 볼 수 있도록 보호용 장막*을 치지 않은 채 배를 타고 중앙 야영지로 갔다. 배에서 내린 그는 가마도 타지 않고 환호를 받으며 말에 올라탔다. 마침내 마음을 놓은 병사들은 그에게 달려들며 외쳤다.

　"당신은 우리의 장군이십니다. 우리는 당신이 필요합니다!"

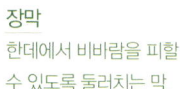
장막
한데에서 비바람을 피할 수 있도록 둘러치는 막.

"우리는 죽음을 무릅쓰고 싸울 것입니다!"
부하들의 충성심에 알렉산더는 이렇게 대답했다.
"제군들이 나를 이토록 믿는 것은 공격 때마다 내가 항상 제군들과 함께했기 때문이다!"

알렉산더는 완쾌되자마자 항해를 다시 시작했다. 새로운 부대가 합류해 함대는 더욱 커졌고, 새로운 알렉산드리아는 어느 때보다도 안전했다. 그러나 독화살 같은 새로운 위험이 생겨났다. 상처가 가벼운 병사들도 처음에는 조금 어지러워하더니, 시간이 지나자 강한 통증을 호소했다. 그러고 나서는 심한 발작을 일으키며 토하다가 마침내 살이 썩어 서서히 죽어 갔다. 치료법을 찾아낸 것은 바로 알렉산더였다. 프톨레마이오스가 독화살에 맞자, 왕은 꿈에 해

독제가 되는 식물을 보았던 것이다. 그는 그 식물을 꺾어 와 동료에게 먹였고, 효과가 있자 부상당한 모든 병사들에 게도 먹이게 했다. 적군은 마침내 항복했고, 승족들은 처형되었다. 마케도니아 군을 너무 무서워한 나머지 그들이 다가가기만 해도 종족들은 그들의 왕과 함께 도망쳐 버렸다. 항복하기를 원하는 사람들은 호화로운 선물을 보내왔다. 예를 들어, 무시카노스는 알렉산더에게 많은 전차와 말 외에도 길들인 사자와 호랑이, 거대한 도마뱀 가죽과 거북 등껍질을 선물했다.

인더스 강의 삼각주에 도착하기 전, 알렉산더는 크라테로스에게 자기 부대와 부상자들을 이끌고 이미 평정된 아라코시아를 지나 카르마니아까지 가라고 명했다. 나머지 부대들은 왕과 함께 강을 따라 하구까지 내려가기로 했다. 그 지방은 황량해서 주변에 우물을 파야 하고, 항구와 배를 수선할 정비소를 마련해야 했다. 뿐만 아니라 인도인들은 그 지역을 폐허로 만들어 놓았고, 어려운 항해를 인도해 줄 사람이 아무도 없었다.

마케도니아 군은 태풍을 만나 또 다른 장애에 부딪혔다. 배들이 **내포***에 정박해 있는 동안, 강물의 수위가 갑자기 낮아진 것이다. 배들은 마른 강바닥으로 쓰러졌다. 병사들

내포
그다지 깊지 않은 작은 만.

과 선원들은 겁에 질렸다. 그런데 몇 시간 뒤 반대 현상이 일어났다. 강물이 불어나자 깜짝 놀란 사람들은 작은 섬으로 몸을 피했으나, 섬들도 순식간에 물에 잠겨 버렸다. 강물이 배들을 갑작스럽게 들어올렸다. 바위가 많은 강바닥에 누워 있던 배들은 충격에 선체가 파손되고 말았다. 서둘러 수리를 마친 후, 함대는 해 뜨기를 기다리지 않고 출발했다. 왜냐하면 알렉산더가 반복되는 조수*의 법칙을 알아차렸기 때문이다.

인더스 강을 지나 넓은 바다에 도착한 알렉산더는 포세이돈*에게 거북과 금 술잔을 제물로 바쳤다. 제물을 물속에 던짐으로써 그는 정복의 끝을 표시했다. 바다 건너 더 멀리는 나가지 않을 생각이었다.

알렉산더는 유프라테스 강 하구까지 해안을 따라 바다를 탐사하는 일을 네아르코스에게 맡겼다. 알렉산더는 그와 중간에 카르마니아에서 만나기로 약속했다. 이 원정은 아주 중요했기 때문에 자신이 직접 부대를 이끌고 해안을 따라가며 함대에 물과 식량을 보급하기로 했다.

군대는 해안을 따라 펼쳐져 있는 게드로시아로 떠났다. 그러나 알렉산더에 대한 평판은 그보다 앞질러서, 그곳의 주민들이 모두 사막으로 도망쳤다. 이런 상황에서 식량을

조수
지중해밖에 본 적이 없는 그리스 인들은 조수가 무엇인지 몰랐다.

포세이돈
바다의 신.

얻기란 어려웠다.

  게드로시아는 사막이라 무더위를 피해 밤에 걸어야 했다. 오아시스는 보기 드물었고, 식량은 떨어져 병사들은 나무뿌리를 먹기에 이르렀다. 굶주린 그들은 견디다 못해 짐마차를 끄는 짐승*을 잡아먹고 말았다. 이제 가져갈 수 없게 된 멋진 전리품*을 태울 수밖에 없었다.

  또한 가장 허약한 병사들은 도중에 버려졌다. 그들은 다른 병사들의 진군을 더디게 할 것이기 때문이었다.

  두 달 후에 알렉산더가 카르마니아의 입구 푸라에 도착했을 때, 그는 군대의 3분의 2를 잃었고 그나마 남아 있는 병사들도 정상이 아니었다.

짐마차를 끄는 짐승
짐을 실은 마차를 끄는 데 쓰는 동물.

전리품
전쟁 때에 적에게서 빼앗은 물품.

강과 대양은 알렉산더와 그의 군대가
아시아로 진출하는 데 큰 장애물이 되었다.
산이나 사막에서도 그랬듯이, 알렉산더는
굴하지 않고 강과 대양을 건너거나
무슨 수를 써서라도 건널 방법을 찾아냈다.

ⓒ Corbis-Sygma / Roger Wood

▼ 혹고래는 길이가 15미터인
경우도 있다.

▲ 파키스탄에 있는
강에 띄운 뗏목

대양
마케도니아 군은 대양에서
가장 큰 위험을 만났다. 그것
은 지중해에는 없는 조수와
무시무시할 뿐만 아니라 엄
청나게 큰 괴물인 고래였다.

▶ 노 젓는 사람들이 탄 배

<u>강가에는 물을 철썩이는 노 젓는
소리와 고함 소리가 울려 퍼졌다.</u>

배
큰 나룻배들을 서로 밧줄로 매어 연결하여 다리를 만들어 맞은편 강변에 닿도록 했다. 폭이 넓고 갑판이 삼단 이상인 둥근 배로는 병사들과 말, 장비를 실어날랐다. 이 배는 안전하지만 빠르지는 않았다. 전함은 길이가 길었고, 여러 열의 노 젓는 사람들 덕분에 속력을 낼 수 있었다. 그러나 수면 가까이 위치해 있는 노 때문에 파손되기 쉬웠다. 물의 흐름을 피하려면 노를 제법 높이 들어야 했다.

강
그라니코스 강처럼 건널 수 있는 강들도 가끔 있었다. 그러나 대개는 수심이 깊거나 세찬 물결로 일렁거렸다. 그래서 다리나 구름다리를 만들어야 했다. 티그리스 강이나 인더스 강처럼 폭이 넓을 때는 뗏목이나 배가 필요했다. 알렉산더는 깊은 구덩이는 돌이나 모래로 채우도록 했다. 근처에 목재가 없을 때는 안에 마른 짚을 채운 거대한 가죽 자루를 뗏목 대신 사용하기도 했다.

▲ 인더스 강

▲ 악어

악어
또 다른 위험이 마케도니아군을 위협했다. 그것은 바로 나일 강변에 많이 서식하고, 알렉산더가 인더스 강가에서 만났던 악어들이었다.

수사에서의 결혼식

알렉산더는 푸라에서 식량을 구할 수 있었고, 끔찍한 시련을 겪은 병사들을 잠시 쉬게 했다. 그런 다음, 군대는 디오니소스를 기리며 바쿠스 신의 행렬*을 지어 카르마니아를 지나갔다. 전차 위의 단상에서 알렉산더와 그의 전우들은 술을 마시며 즐겁게 잔치를 벌였다. 그 뒤로는 플루트와 북소리에 맞춰 나뭇가지 왕관을 쓴 병사들이 행진했다. 카르마니아에서 크라테로스와 합류한 알렉산더는 연극 공연 중에 페르시아 만에 막 상륙한 네아르코스의 일행이 도착하는 것을 보았다. 군대는 열렬한 환호를 보내며 기쁨을 터뜨렸다. 얼마 후, 네아르코스는 알렉산더와 동료들에게 그들의 놀라운 모험에 대해 이야기해 줬다.

"거센 바람에 바다가 하얀 거품으로 변하고, 해안에 조수가 밀려와 섬 전체가 나타났다 사라졌다 하는 것쯤은 놀

> 바쿠스 신의 행렬
> 관례적으로 바쿠스 신(디오니소스의 또 다른 이름)을 동반하는 즐거운 행렬.

바다 괴물
실제로는 고래였다.

헤라클레스의 기둥
아프리카와 스페인(이베리아) 사이에 있는 지브롤터 해협 양쪽에 있는 두 개의 거대한 바위.

라운 일도 아니오. 정말 대단한 것은 우리가 마주친 **바다 괴물***이오. 우리 배보다도 훨씬 컸어요. 우리에게 마지막 순간이 다가왔구나 싶었지만, 우리가 크게 소란을 피웠더니 괴물들은 도망치듯이 잠수해 버리더군요. 그 해안의 주민들은 끔찍한 야만인들이었소. 옷은 반쯤 벗고 살았고, 머리칼과 손톱도 자르지 않았지요. 그들은 물고기의 배를 면도칼만큼 날카로운 손톱으로 가르더군요. 뿐만 아니라 그들은 모든 것을 바다에서 구했어요. 집을 짓는 재료마저도 말이오. 글쎄 해안에 밀려온 바다 괴물의 거대한 뼈로 집을 짓더라고요."

사람들은 입을 헤벌리고 이야기를 들었다. 알렉산더는 또 다른 놀라운 일들을 겪고 싶어 네아르코스와 함께 배를 타기를 바랐다. 그는 벌써 새로운 여행, 새로운 정복에 대해 꿈꾸고 있었다. 아라비아, 카르타고, **헤라클레스의 기둥*** 너머 이베리아까지도……

그러나 그는 자신의 제국을 지켜야 했다. 그런데 새로운 걱정거리가 생겼다. 여러 사트라프와 장군들이 알렉산더가 인도 원정에서 살아 돌아올 수 없을 거라 믿고 권력을 자기들에게 이롭게 유용한 것이다. 그들은 백성들을 약탈하고 공포에 몰아넣었으며, 알렉산더 왕에 대해 노골적인 반란을 일으켰다. 알렉산더는 죄인들을 서슴지 않고 처형시키고 새로운 책임자들을 임명함으로써 흐트러진 제국을 바로 세웠다.

제국의 문제를 보다 잘 해결하기 위해 그는 수도 수사로 갔다. 그곳에서 그는 결혼식부터 치렀다. 이미 소그디아나 여인 록사나와 결혼한 그는 다리우스의 딸 스타테이라와 그 이전 왕의 딸 파리사티스와 결혼했다. 그러나 알렉산더는 앞날을 넓게 내다봤기 때문에 같은 날 한꺼번에 80명과 결혼식을 치뤘다. 헤파이스티온은 스타테이라의 동생과, 크라테로스는 그의 사촌과 결혼식을 올렸다. 또 네아르코스, 프톨레마이오스, 페르디카스와 다른 전우들은 페르시아나 메디아의 다른 공주들과 결혼했다. 안락의자에 줄지어 앉은 신랑감들은 서로를 위해 건배했고, 신붓감들이 그들 옆에 와서 앉았다. 각자 신부의 손을 잡고 키스한 후 신부를 데리고 자리를 떴다.

알렉산더는 제국의 평화와 통일을 보장해 줄 관계가 맺어진 것에 흐뭇해했다. 그는 공주들에게 결혼 선물을 주었다. 그러나 그것이 전부가 아니었다. 아시아 여인과 결혼한 마케도니아 인에게는 금 헌주잔을 선물했다. 마케도니아 남자와 전쟁 포로 여자 사이에 태어난 아이들에게는 자

유인의 조각상과 장학금을 주게 했다.

제국은 아주 넓었다. 이제 제국을 튼튼하게 할 때였다.

우선 유럽부터 시작했다. 알렉산더는 더 이상 옛 동맹인 그리스 인들에게 조언을 구하지 않고, 그들에게 명령을 전달했다. 여름에 올림픽 경기*를 위해 모인 그리스 인들은 이제부터 알렉산더가 신처럼 숭배받기를 요구하자 모두 놀랐다. 이에 그리스 왕은 화가 났지만, 알렉산더 왕의 힘이 더욱 강했다.

다음은 아시아 차례였다. 결혼은 종족들을 한데 모으는 방법이 되었고, 또한 관습의 통합이 필요했다. 알렉산더는 페르시아의 사트라프로 페우케스타스를 임명했다. 페우

올림픽 경기
올림피아의 제우스 성소에서 4년마다 열리는 신성한 경기. 이 경기는 모든 그리스 인들을 단합시키는 경기였다.

케스타스는 새 백성의 관습을 받아들였고 그들의 언어도 배웠다.

　게다가 3년 전 마케도니아식 교육을 시키기 위해 모집했던 3만 명의 페르시아 젊은이들은 이제 완벽한 군인이 되었고, 알렉산더는 그들을 보병 밀집 부대에 편입시켰다. 아시아 기병들 또한 마케도니아 기병대에 편입되었다. 마침 알렉산더가 만 명의 고참병을 해고시키기로 했기 때문에 군대가 술렁거렸다. 화가 난 마케도니아 병사들은 폭동*을 일으켰다.

　"당신은 마케도니아로 돌아가지 않을 거면서 우리를 제거하려 하고 있소!"

폭동
상사에 대한 불복종이나 반항.

"우리가 늙었으니 이제 필요없다는 겁니까?"

"우리 대신 젊은 페르시아 인들로 갈아 치우려 하다니!"

"당신은 더 이상 마케도니아의 알렉산더가 아니라 페르시아 인들의 왕이 되었소!"

참다 못한 알렉산더는 마케도니아 병사들 중에서 주모자* 13명을 찾아내어 그들을 처형시켰다.

잔뜩 겁에 질린 병사들 앞에서 그가 입을 열었다.

"마케도니아 인들이여, 어찌 과거를 잊었느냐! 내가 누구이고, 제군들이 누구인지 똑똑히 알려 주마. 나의 아버지 필리포스가 왕위에 올랐을 때, 너희들은 가축 무리를 뒤따라 산을 돌아다니며 트라키아의 공격에 방어도 못하던 헐벗은 목동에 불과했다. 그런 너희들에게 필리포스가 옷을 주고, 법과 교역을 가르쳐 주었다. 또한 트라키아뿐만 아니라 테베와 아테네도 정복하도록 해 주었다. 그러나 내가 너희들에게 해 준 것에 비하면 그것은 아무것도 아니다! 지금 너희들은 아시아의 모든 부를 가졌고, 많은 노고에도 불구하고 나는 자줏빛 물감*과 왕관 외에는 가진 게 없다. 이 모든 보물을 얻은 것은 나를 위해서가 아니었다. 나는 제국을 지키기 위해 너희들처럼 편히 발 뻗고 자지도 못했다. 그리고 나는 항상 앞장서서

주모자
우두머리가 되어 어떤 일이나 음모를 꾸미는 사람.

자줏빛 물감
짙은 붉은색 물감. 아주 높은 고위 관리의 옷을 물들이는 데 사용했다.

싸웠노라. 내 몸은 온통 상처투성이다. 또한 난 너희들에게 재산뿐만 아니라 영광도 주었노라. 산 자에게는 금관을 주었고, 죽은 자에게는 성대한 장례식을 치러 주었다. 그러나 너희들이 모두 돌아가기를 원한다면 떠나라. 가서 마케도니아 인들에게 너희들을 세상 끝까지 이끌고 갔던 왕이 너희들을 패배한 이방인들의 경비대에 버려두었다고 말하라."

말을 마친 알렉산더는 조용히 자리를 떠나 3일 동안 모습을 드러내지 않았다. 마침내 그는 페르시아 인 간부들을 소집하여 그들에게 지휘권을 나눠 주었다. 또 페르시아 인으로 구성된 새 왕실 근위대를 만들기까지 했다.

너무나 당황한 마케도니아 인들은 이 모든 변화에 괴로워하다가 끝내 궁전으로 달려갔다. 그들은 문 앞에 꼼짝 않고 서서 알렉산더에게 용서를 구했다. 왕은 결국 그들을 용서했고, 그들이 우는 것을 보자 함께 울었다. 그리고 그들 모두에게 '알렉산더의 친족'이라는 칭호를 주었다. 또한 마케도니아 인들은 알렉산더를 껴안을 수 없었지만, 알렉산더는 원하는 모든 사람들을 껴안아 주었다.

모든 사람들을 하나로 묶기 위해 알렉산더는 큰 천막을 치고 연회를 열었다. 그의 주변에는 마케도니아 인들이 있었고, 조금 멀리 떨어진 곳에는 페르시아 인들, 그리고 더 멀리에는 아시아 모든 종족의 고위 관리들이 자리했다. 9만 명이 한자리에 모였다. 모두 같은 크라테르*로 술을 마셨다. 그런 다음 그들은 한목소리로 찬가*를 부르기 시작했다.

얼마 후 가을이 되자, 알렉산더는 바빌론으로 가기 전에 엑바타나로 출발했다. 그는 새로운 정복을 꿈꾸었지만 아무도 그의 운명을 알지 못했다.

크라테르
아주 독한 포도주와 물을 섞는 손잡이가 달린 큰 그릇.

찬가
엄숙한 노래.

여자들은 알렉산더의 생애에서 정치적 역할을 했다. 왕의 생애에는 사랑에 관한 일화가 별로 없기 때문에 고대 역사가들은 사랑 이야기를 지어냈다. 그중에는 아마존 부족 여왕과의 만남에 관한 일화가 있다.

▶ 젊은 그리스 여인

▶ 다산의 페니키아 여신 아스타르테

아주 다른 여인들

그리스에서 아시아, 페니키아에서 소그디아나로 다니면서 알렉산더와 그의 병사들은 겉모습은 다르지만 여자로서 비슷한 관심사를 가진 여인들을 알게 되었다. 사랑과 다산을 상징하는 페니키아의 위대한 여신 아스타르테는 벗은 몸매가 매우 유혹적이고, 젊은 그리스 여인은 몸매가 드러나는 옷을 입은 모습이 매혹적이다.

결혼

결혼은 고대 여성들의 삶에 있어서 아주 중요했다. 결혼으로 인해 아버지의 책임 아래서 여성은 남편의 보호를 받게 되고, 출산을 겪게 된다. 그러나 전쟁 때 포로로 잡힌 여자들은 노예가 되었다. 병사들과 강제로 결혼한 여자들은 병사들이 고국으로 돌아갈 때, 그 사이에서 태어난 자식들과 함께 대부분 버려졌다.

▼ 그리스의 결혼 준비

정치적 동맹

귀족 출신 여성만이 존중받을 수 있었다. 그들은 정치적으로 쓸모가 있었기 때문이다. 알렉산더와 그의 장군들은 귀족 출신 여성과 결혼함으로써 그들의 아버지와 일종의 동맹 조약을 맺었다. 그렇지만 록사나와의 결혼이 단지 정치적이었는지는 전혀 알 길이 없다. 그녀는 아주 아름다웠고, 그 아름다운 얼굴에는 우아함이 흘러넘쳤다고 한다.

> **알렉산더**는 앞날을 넓게 내다봤기 때문에 **같은 날** 한꺼번에 80명과 **결혼식을** 치뤘다.

▲ 아프가니스탄의 왕관 쓴 여인

▶ 아마존 부족

아마존 부족

여자들만 있는 이 전설적인 종족은 말을 탄 사수로 이뤄졌다. 그들은 아기를 가질 때만 남자의 접근을 허용했고, 딸만 키웠다. 알렉산더의 뛰어남을 찬양하는 이야기를 들은 여왕은 그의 아기를 가지려고 그를 찾아왔을 것이다. 그 아기는 완벽한 '여선사'가 될 것이기 때문이다. 우쭐해진 알렉산더는 그녀의 유혹에 넘어가 그녀가 원하는 대로 했을 것이다.

서사시의 끝

엑바타나는 저주받은 도시였다! 그렇지만 시작은 아주 좋았다. 알렉산더와 그의 전우들은 늘 그랬듯이 희생 의식을 올리고, 여러 가지 경기와 연회를 마음껏 즐겼다. 지독한 열로 헤파이스티온이 쓰러지기 전까지는 말이다. 엿새 후, 알렉산더가 연소자들의 달리기 경기*를 보고 있을 때 한 심부름꾼이 얼굴이 새하얗게 질려 뛰어왔다.

"알렉산더님, 서두르십시오. 헤파이스티온이 아주 위독합니다!"

왕은 곧장 경기장에서 나와 친구에게 달려갔다. 그러나 너무 늦었다. 이미 헤파이스티온이 죽은 것이다.

왕은 마치 정신 나간 사람 같았다. 그는 친구의 시신 위에 쓰러져 흐느껴 울었다. 알렉산더를 시신에서 떼어 놓기 위해 전우 여러 명이 힘을 써야 했다. 그러고 나서 그는 3

연소자들의 달리기 경기
운동 경기의 참가자들은 어른이거나 나이가 어린 사람들이었지만, 늘 남성이었다.

일 동안 아무것도 먹지 않은 채 누워서 울기만 했다. 마침내 그가 자리에서 일어났을 때, 그는 너무 고통스러운 나머지 극단적인 결심을 했다. 자기 머리칼을 자르는 데 그치지 않고, 자신의 말들 갈기를 모두 자르게 했다. 또한 플루트 사용을 금지시켰고, 이웃 마을들의 성벽을 부수게 했다. 그리고 가장 끔찍한 일은 헤파이스티온의 병을 고치지 못한 의사 글라우키아스를 십자가형에 처하게 한 것이다. 알렉산더는 제국 전체에서 상을 치르도록 했고, 제단 위에 켜 놓은 모든 불을 끄게 했다. 이것은 페르시아에서는 대왕이 죽었을 때만 하는 일이었다. 왠지 불길한 징조*가 흘렀다. 알렉산더는 장례식을 거창하게 치르고 싶어 했다. 그래서 장례식을 바빌론*에서 치르기로 하고, 그곳까지 시신을 옮기기로 했다.

불길한 징조
죽음을 알리는 징표(여기서는 왕의 죽음을 암시함).

바빌론
제국에서 가장 오래되고 가장 화려한 중심 도시.

서쪽으로 가는 도중, 알렉산더는 아직 항복하지 않은 산악 지방에 사는 산적들인 코사이아 족과 한바탕 맞서 싸웠다. 그는 잠시나마 친구를 잃은 슬픔에서 벗어나고 싶었던 것이다. 그는 마치 희생 의식의 제물을 죽이듯이 적들의 목을 사정없이 베었다. 헤파이스티온을 기리는 장례의 희생 의식인 것처럼 말이다.

그러나 알렉산더는 자신의 계획을 잊지 않고 있었다. 그는 부대 일부를 히르카니아의 산으로 보내 새 전함을 만드는 데 쓸 서양 삼나무를 베어 오게 했다. 북쪽으로는 남 카스피 해, 남쪽으로는 아라비아 반도까지 먼 길을 가기 위해선 전함이 필요했다.

그는 바빌론에서 몇 킬로미터 떨어진 곳에서 칼데아의 점쟁이들*의 행렬과 마주쳤다. 그들은 알렉산더에게 다가와 도시를 피해 가라고 경고했다. 그곳에서는 죽음이 그를 기다리고 있고, 별들이 그것을 확고하게* 보여 주고 있다는 것이다. 알렉산더는 처음에는 겁이 났지만, 철학자 아낙사르코스가 그 모든 것은 미신*에 지나지 않는다고 하자, 안심하고 다시 출발했다. 게다가 티그리스 강변은 군대가 건너기에는 늪이 너무 많았다. 마치 신이 알렉산더를 바빌론으로 가게 하려는 것 같았다.

그는 마침내 바빌론에 도착했다. 수많은 사절단이 왕에게 경의를 표했고, 왕관이나 선물을 바리바리 싸 들고 동맹 조약을 맺으러 왕궁으로 몰려왔다. 그의 평판은 참으로 높았다! 사절들은 그리스, 아프리카와 이탈리아, 그리고 아주 먼 이베리아에서도 찾아왔다. 이들을 모두 만나 보고 가능한 한 그들의 청을 들어준 후에야 알렉산더는 헤파이

칼데아의 점쟁이들
별을 보고 운명을 읽는 바빌로니아(옛 칼데아)의 천문학자이자 점성가들.

확고하다
명확하고 정확하며 논란의 여지가 없다.

미신
불행이나 행복의 징조에 대한 근거 없는 믿음.

스티온의 장례에 마음을 쓸 수 있었다.

그는 폭이 200미터, 높이가 60미터나 되는 거대한 화장대를 만들게 했다. 전리품으로 장식한 받침돌은 금빛 조각상과 왕관들로 빛났다. 속이 비어 있는 세이렌들* 안에는 곡을 할 가수들이 들어가 있었다. 그리고 곧 성대한 연회가 이어졌다. 이 연회에는 만 마리의 짐승이 희생되었다. 운동 경기와 예술 경연 또한 특별했다. 3천 명의 참가자가 실력을 겨루었다. 이 모든 것을 위해 만 탤런트도 넘는 돈이 들어갔다.

그 후로 영웅 숭배*가 헤파이스티온을 기리며 아시아 제국 전체에 생겨났다. 그를 위한 신전들이 이집트의 알렉산드리아에 세워졌다. 전우들이 선물한 금과 상아로 만든 조각상들이 신전을 장식했다. 모두가 알렉산더의 바람대로 죽은 영웅을 위해 온 정성을 다 바쳤다.

그렇지만 알렉산더는 자신의 계획을 포기하지 않았다. 새로 만든 배들 외에도 페니키아에서 분해한 배들을 가져오게 하여 네아르코스의 함대에 합류시켰다. 천 척이나 되는 배를 수용할 수 있을 만큼 넓은 새 항구를 바빌론에 만들기 시작했고, 새 해군 공창*을 짓도록 했다. 또 시리아와 페니키아에서 선원과 잠수부, 어부들을 불러 모았다. 알렉

세이렌들
반은 여자고, 반은 새의 모습인 전설 속의 존재들(여기서는 세이렌의 조각상을 말함).

영웅 숭배
신이 아니라 영웅을 섬기는 것.

해군 공창
전함을 만들고, 고치고, 무장시키는 데 쓰는 건물.

산더가 아라비아와 맞서 싸울 수 있게 해 줄 거대한 함대가 갖추어졌다. 그는 이미 아라비아 반도의 해안을 탐사하기 위해 정찰선을 보냈다. 그는 이집트가 바빌로니아와 해로로 연결되어 있을 거라 확신했기 때문이다.

그러나 불길한 징조가 계속 이어졌다. 알렉산더가 티그리스 강 근처 늪에서 항해하고 있을 때, 그의 왕관이 바람에 날아가 갈대에 걸리고 말았다. 한 선원이 물로 뛰어들었고, 왕관이 물에 젖지 않게 가져오려고 자기 머리 위에 왕관을 쓰고 헤엄쳐 나왔다. 알렉산더는 그에게 상으로 1탤런트를 주었으나, 감히 왕관을 썼다는 이유로 매질을 하게 했다.

더 이상한 일도 벌어졌다. 한번은 알렉산더가 왕좌에서 일어나 목욕을 하러 갔을 때, 낯선 사람이 시종들 사이로 슬그머니 들어오더니 왕의 망토*를 입고 왕관을 쓴 채 왕좌에 자리를 잡는 것이었다. 모두 깜짝 놀라고 겁에 질렸다. 처음에는 아무도 감히 이 알 수 없는 인물을 어쩌지 못했으나, 그가 순순히 왕좌에서 내려오자 사람들이 그를 붙잡았다. 자신이 왜 그런 행동을 했는지 설명하지 못하는 그는 마치 신에게 이끌린 듯했다. 불길한 징조를 그에게 몽땅 떠넘기기 위해 그를 사형에 처했지만, 운명을 거스르

망토
소매가 없이 어깨 위로 걸쳐 둘러 입도록 만든 외투.

서사시의 끝 ■ 135

기 위해서는 어떻게 해야 할 것인가?

  초여름이 되자, 가장 두려운 일이 벌어졌다. 축제로 이어진 연회가 끝나고 난 뒤, 갑자기 알렉산더가 고통스러운 듯 소리를 질러 전우들을 깜짝 놀라게 했다. 그들은 아파서 신음하는 그를 거처로 데려갔다. 목욕을 하고 푹 자고 나자 그는 훨씬 나아 보였다. 그는 또 다른 축제에 참가했으나, 그것이 마지막 축제였다. 온몸이 펄펄 끓더니 도무지 열이 떨어지지 않았던 것이다. 그래도 그는 가마를 타고 일상적인 희생 의식에 참여했다. 그 후로 그는 자신의 방에서 더 이상 나오지 못했다. 하지만 그는 아라비아 원정 준비를 포기하지 않고 침대에 누워 장군들에게 보고를 받았다.

  출발하기로 한 날 이틀 전부터는 그는 아예 말도 하지 못했다. 부하들은 모두 자신들의 왕의 마지막 모습을 보기 위해 그의 방에 줄지어 서서 눈물을 흘렸다. 간신히 몸을 지탱한 알렉산더는 한 사람 한 사람에게 미미하게* 고갯짓을 했다. 전우들은 신탁을 물으러 세라피스 신*의 신전으로 몰려갔다. 그들은 필요하다면 왕을 신전으로 데려갈 참이었다. 그러나 신의 신탁은 확고했다. 알렉산더에게 가장 좋은 것은 방을 지키는 거라고 했다. 알렉산더에게

미미하다
분명히 알아채기에는 너무 약하다.

세라피스 신
치유의 신. 원래는 이집트 신이다.

'가장 좋은 것'은 이제 편안히 죽음을 맞이하는 것인지도 모른다.

알렉산더는 12년 반 동안 통치한 후 32세라는 젊은 나이에 숨을 거두었다. 그는 후계자를 남기지 않았지만, 그때 그가 가장 사랑하던 부인 록사나는 임신 6개월이었다. 그에게는 왕위에 오를 수도 있는 이복동생이 있었으나, 그는 정신적으로 문제가 있었다.

결국 그의 시신을 앞에 놓고 권력 다툼이 일어났다. 그의 전우와 장군들은 모두 누군가의 편을 들었고, 섭정 정치*를 노리는 이들도 있었다.

이런 다툼 속에서 뒤로 밀려난 알렉산더의 시신은 금으로 만들어진 관 속에서 마치 신의 보호를 받는 것처럼 아주 잘 보관되어졌다. 숨을 거둔 지 6일째가 되어서야 그의 시신은 씻겨지고 방부 처리*가 되었다. 그의 장례식 때 열린 경기 참가자들은 몇 달 전에 있었던 헤파이스티온의 장례식 때와 같은 사람들이었다. 두 친구는 죽어서 다시 만난 것이다.

마침내 멋진 장례 수레가 만들어졌다. 그 수레로 알렉산더의 시신을 마케도니아의 수도 펠라로 싣고 갈 예정이었다. 그러나 그 일로도 다툼이 벌어졌다. 알렉산더는 뛰어

섭정 정치
왕이 너무 어려서 통치할 수 없을 때 대신하는 정치.

방부 처리
시신을 보존하기 위해 화학 물질을 바르는 것 (이집트와 바빌로니아에서 사용한 기술).

난 정복자였기 때문에 그의 시신이 권력의 담보*가 될 수 있었던 것이다. 시신을 옮기는 도중에 시신을 차지하는 데 성공한 사람은 결국 이집트의 사트라프 프톨레마이오스였다. 몇 년 후, 알렉산더는 마침내 자신이 세운 자신의 도시인 알렉산드리아의 거대한 무덤 안에 모셔졌다. 그는 그곳에서 '패배한 적이 없는 신*' 알렉산더로서 여러 세기 동안 숭배받을 것이다.

담보
여기서는 보장을 의미한다.

패배한 적이 없는 신
알렉산더가 그리스에서 받들어지기를 바랐던 칭호이다.

신의 숭배와 영웅의 숭배는 숭배 대상의 특성에 의해서 구분된다. 즉 신들은 그리스 전역에서 숭배되는 불멸의 인물들인 반면, 영웅 또는 신인(한쪽 부모가 신이고, 다른 쪽은 사람)은 죽은 후 그들이 세운 도시에서 숭배받게 된다.

▼ 올림포스 산에 들어가는 헤라클레스

헤라클레스 ▶

신이 된 영웅 헤라클레스
제우스와 한 여인의 아들인 헤라클레스는 힘이 아주 셌고, 뛰어난 덕성을 갖추었다. 제우스의 질투 많은 아내 헤라는 그를 미워해서 괴롭혔다. 그는 그녀 때문에 12공업을 이행해야 했고, 제정신이 아닌 상태가 되었지만 시험을 잘 통과했다. 그는 끔찍한 고통을 받으며 죽었다. 그러나 그때 제우스가 그를 불러 신들 가운데 자리하게 했다.

신들
신들은 그들을 대표하는 상징과 함께 표현된다. 제우스는 벼락을, 포세이돈은 삼지창을 들고 있고, 헤르메스는 날개 달린 발목을 갖고 있다. 마찬가지로 헤라클레스는 주로 네메아의 사자 가죽(그의 공업 중 첫 번째)을 쓰고 있다.

▶ 시칠리아의 제단. 헤라클레스와 트리톤

신들의 제단
신들의 제단은 그들의 공적을 그린 장면으로 장식되어 있다. 영웅들의 무덤이나 관도 마찬가지다. 그들의 무덤이나 관은 제단과 숭배의 장소가 되었다. 사람들은 행렬을 지어 찾아와 그곳에 봉헌하고, 희생 제물을 바쳤다.

알렉산더는 거대한 무덤 안에 모셔졌다. 그는 그곳에서 '패배한 적이 없는 신' 알렉산더로서 여러 세기 동안 숭배받을 것이다.

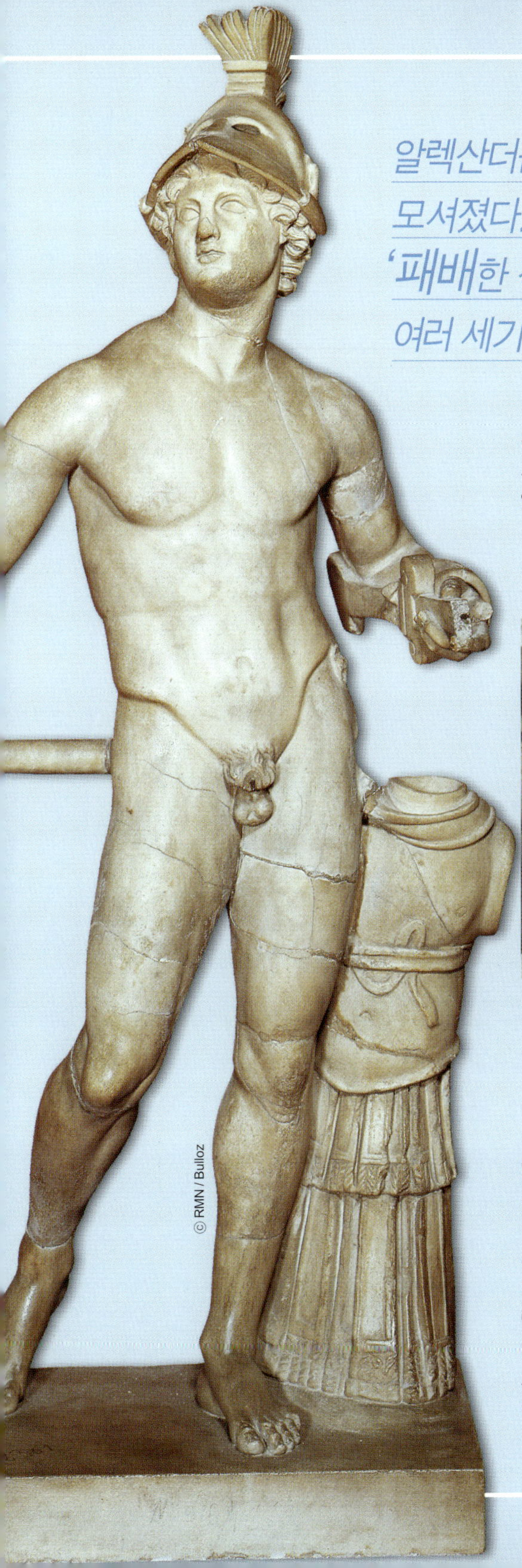

© RMN / Bulloz

경기

사람들은 신이나 영웅을 기리는 운동 경기와 예술 경연을 벌였다. 경연에서 이긴 사람은 상을 받고 영예를 얻었다.

◀ 알렉산더의 조각상

© Magnum / E. Lessing

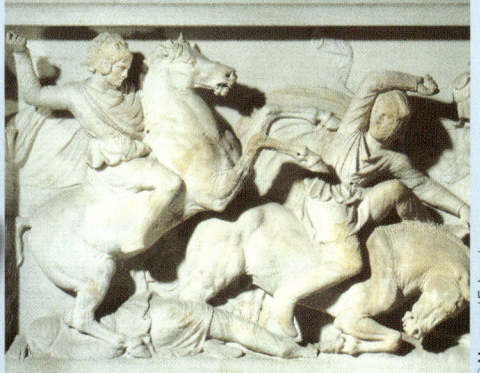

▲ 시돈의 석관. 헤라클레스처럼 사자 가죽을 뒤집어쓰고 말을 탄 알렉산더

알렉산더

신이 된 영웅인 헤라클레스나 디오니소스에 비할 만한 알렉산더는 죽은 후 신처럼 숭배되었다. 사람들은 그의 동상을 세웠고, 그의 업적이 새겨진 무덤은 이집트에서 숭배의 명소가 되었다. 얼마 동안 사람들은 시돈에서 발견된 석관이 알렉산더의 것이라고 생각했다. 이수스 전투를 비롯한 그의 위업에 관한 장식이 있었기 때문이다. 그러나 그 관은 아마도 그의 전우들 중 한 사람의 것인 듯하다. 그가 죽은 후, 그의 제국을 나누어 가진 헬레니즘 시대의 왕들은 서슴지 않고 살아서도 자신들을 신처럼 숭배하도록 했다.

역사에서 신화로

● 역사적 원전

알렉산더의 동료들 중에서 칼리스테네스와 프톨레마이오스, 네아르코스 해군 제독은 원정하는 동안과 그 이후에 서사시 전체 또는 일부를 글로 기록했다. 얼마 후, 프톨레마이오스의 궁정에서 알렉산드리아의 클리타르코스도 구술 증언을 근거로 이야기를 썼다. 이 모든 문서들 중 현재 남아 있는 것은 거의 없지만, 훨씬 후에 쓰여져 오늘날 우리에게 남겨진 작품의 저자들에게 많은 영감을 주었다. 시칠리아의 디오도루스 (기원전 1세기), 플루타르코스 (1~2세기)와 아리앵(2세기)은 그리스 어로 썼고, 캥트 퀴르스 (1세기)와 유스티니아누스는 라틴 어로 썼다.

● 전설

전설은 고대 역사가들과 함께 시작되었다. 실제로 그 당시에는 초자연적 세계와 현실을 뒤섞는 것은 그리 드문 일이 아니었다. 디오도루스나 캥트 퀴르스는 이미 경이로운 일화와 거짓말 같은 이야기를 많이 썼다. 모든 역사가들 중 가장 진지한 아리앵조차도 그런 이야기들을 제외시키지 않았다. 전설은 2~3세기에 그리스 어로 쓰여진 칼리스테네스의 《알렉산더 이야기》에서 절정에 달한다. 여러 세기를 거치면서 수많은 일화가 덧붙여진 이 작품은 고대와 중세 동안 여러 언어로 번역되었고, 유럽과 중동에서 각색되어 널리 퍼졌다.

칼리스테네스는 알렉산더를 이집트 마법사의 아들로 만들었

경이로운 일화들

《알렉산더 이야기》에서 칼리스테네스는 경이로운 일화들을 지어냈다. 알렉산더는 유리 우리 안에 타고 바다 밑을 탐험했다고 한다. 또, 곤도라를 타고 하늘을 날았다고 한다. 창 끝에 미끼로 단 고기로 그리핀들(그리스 신화에 나오는 몸은 사자이며 머리와 날개는 독수리인 괴물)을 유인해서 곤도라를 끌게 했다는 것이다!

© Bridgeman / Giraudon

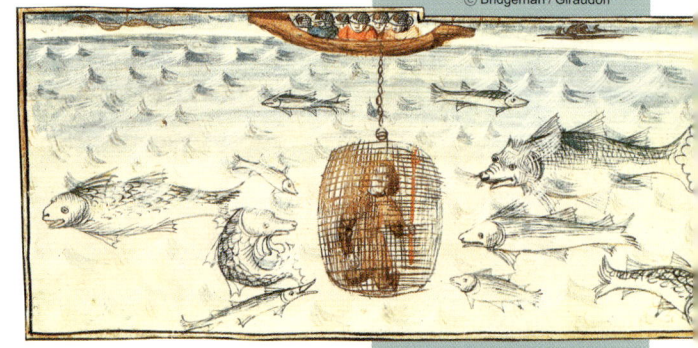

▲ 알렉산더의 잠수

알렉산더의 생애

마케도니아의 필리포스와 에페이로스의 올림피아스의 아들 알렉산더는 기원전 356년에 태어나 기원전 336년에 왕이 되었다. 그는 기원전 323년 바빌론에서 죽었다.

고, 온갖 종류의 괴물들과 맞서 싸우게 했으며, 몇몇 여성을 등장시키기도 하는 등 많은 이야기를 지어냈다. 어떤 일화에서는 알렉산더가 예루살렘에 들러 유대교를 접한 이야기도 하고 있다. 중세 기독교에서는 이 일화를 수정하여 알렉산더를 기사의 모델로 삼았다. (12음절의 시구로 쓰여진 불어판 《알렉산더 이야기》는 그의 이름에서 알렉산더 구격의 시구라는 말이 생겨나게 했다) 마찬가지로 이슬람교도 알렉산더를 받아들여 그를 코란의 수호자들 중 하나로 코란에 등장시키고 있다.

결국 알렉산더는 고세계(아시아, 유럽, 아프리카) 전역에서 많은 저자와 이야기 작가들에게 영감을 주었다. 이란과 영국을 지나 말리에서 타일랜드에 이르기까지 우리는 그의 모험의 발자취를 찾아볼 수 있다.

● **저자의 말**

고대 역사가들은 사건들을 항상 같은 방법으로 소개하지는 않는다. 우리는 주로 아리앵의 서술을 선택했다. 어떤 경우에는 초자연적 세계에 자리를 내주었다. 그것은 독자에게 꿈꿀 수 있는 여지를 주기 위해서였다.

우리는 너무나 많은 일화들 중에서 선택을 해야만 했다. 직면한 위험 전투, 포위 공격을 이해하는 데 필요한 요소들을 그대로 간직하면서 모험과 정복을 우선으로 하였다. 반면, 그리스와 관련된 일들과 알렉산더 정부의 정치에 대해서는 이야기하지 않았다.

우리가 알렉산더에 대해 가지고 있는 이미지, 즉 상반되는 성격을 가지고 있고, 매력적이지만 늘 호의적이지는 않은 비범한 인물이라는 이미지를 전달하고자 노력했다.

▲ 천국으로 승천한 알렉산더

알렉산더의 얼굴

철학자들은 무엇보다도 거만하고 잔인하며, 화를 잘 내고 술을 즐겼기 때문에 알렉산더를 좋아하지 않았다. 하지만 많은 사람들에게 그는 용감하고 너그러우며, 덕망 있고 남을 존중하며, 학문과 지혜에 관심이 많은 영웅의 전형으로 남아 있다. 그의 너무 빠른 죽음과 멋진 외모는 사람들을 감동시키기에 충분하다. 그의 용기, 집요함, 정치에서 뿐만 아니라 군사적으로도 뛰어난 능력은 그를 카이사르에서 나폴레옹에 이르는 모든 정복자들의 본보기로 만들었다. 끝으로, 외국 관습에 대한 그의 개방된 의식과 관용은 오늘날에도 정치적 좌표가 되고 있다.

어린이부터 청소년까지
프랑스 갈리마르 인물역사 총서

신화와 역사 속 영웅을 찾아 떠나는 놀라운 지식 여행!
인문 교양 지식 분야에서 세계 최고인 프랑스의 갈리마르 출판사에서 발행한
역사, 인물, 신화, 문명에 대한 종합적인 교양서!

 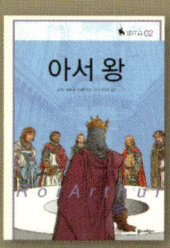 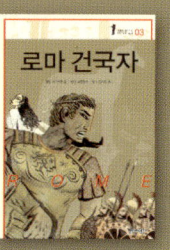  
 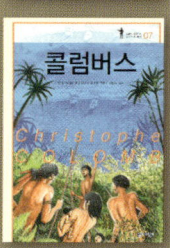   
    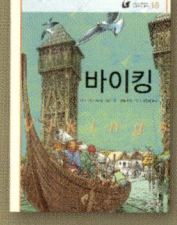
 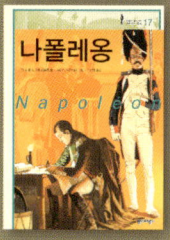  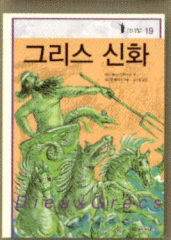 

01 이집트 신	06 율리시스	11 예수	16 다윈
02 아서 왕	07 콜럼버스	12 알렉산더 왕	17 나폴레옹
03 로마 건국자	08 카이사르	13 잔 다르크	18 노예
04 알라딘	09 마르코 폴로	14 해적	19 그리스 신화
05 모세	10 레오나르도 다 빈치	15 바이킹	20 클레오파트라